화살기도

민음의 시 ● 334

화살기도

여세실 시집

민음사

자서(自序)

눈이 눈에 있게 하세요
코가 코에 있게 하세요
입은 입에, 가슴은 가슴에, 배는 배에,
몸이 이곳에 있게 하세요

눈이 좇고자 한 빛을 망각하게 하시고
귀가 듣고자 하는 아첨에 배면을 만드세요
입이 지껄인 말들이 제 주인에게로 돌아가게 하세요

손이 도맡아 온 기다림만을 닦아
아침을 무성하게 하세요

2025년 7월
여세실

차례

1부

세필세작(細筆細雀)　13
솔의 눈　14
예지의 말　18
만종　19
아침기도　34
화살기도　35
모래 주먹밥　38
2박 3일　39
눈으로만 봐 주세요　43
휴면 계정　45
이웃집에 토끼가 산다　48
회전무대　50
발성　52
킬닐　54
트릭　55
을의 기쁨　58
사바아사나　65
보편지향기도　68
리버서블　69
타향　70

2부

돌   77

풍선껌   79

소금 정원   82

나무말미   84

방학 숙제   85

높은음자리표   88

기쁘다   90

바자회   92

단순한 우연   95

친구   98

림보 대회   101

분실물 보관함   104

내가 아니어도 되는 일   109

주머니가 없는 옷   110

주머니가 많은 옷   112

숙련공   114

조경   122

비굴할 때는 비굴한 채로   124

3부

청포묵 먹는 날   **129**

춘하추동   **130**

손이 많이 가는 스타일   **133**

나무는 나무이기를 그만두고 지붕은 지붕이기를 멈추며   **138**

정각에 오는 슬픔   **140**

낮과 밤   **142**

외가   **144**

수취   **146**

배합물   **148**

성실한 사람들   **150**

상냥한 사람들이 키운 텃밭   **153**

혼자를 위한 숲   **154**

할 수 있는 일   **157**

쌀통에 쌀을 쏟으면 소나기 오는 소리가 들린다   **160**

야행   **162**

솜   **164**

숫눈은 떠나간 발자국만을 드러내지만
빗물은 뺨 위에 지문을 띄워 주니까   **166**

작품 해설 – 김수이(문학평론가)   **175**

1부

세필세작(細筆細雀)*

당신은 하루 종일 나를 틔운다

날마다 하염없이 나를 틔우느라 가쁘다

* 가는 펜으로 여린 잎의 말을 베껴 적음.

솔의 눈

내가 가진 만약에를 줄게

그네를 타는 아이가 발을 구른다
이제 막 여름의 수신음이 들려온다
공중에 손가락을 펴 보이는 이팝나무 가지

만약에
내일 아침에 눈을 떴더니
침대 위에 내가 아닌 커다란 달걀프라이가 있다면?

흰 쌀밥이 되어
노랑을 덮고 늘어지게 익어 가는 늦잠이 될게

꿈에서 꼬집히면 아프지 않지
꿈에서 밥을 먹으면 배가 부르다?

만약에 집에 돌아왔을 때
내가 아닌 내 몸통만 한 화분이 드리워져 있다면?

오후 내내 창가에서 땋아 둔 햇볕을 말리느라고
소쿠리를 다 썼는데
내가 숨겨 둔 보물 그건 쌀통을 열어 보면 있어
쌀통에 손목을 묻고
하얗게 누워 누룩이 되어 가는 상상

삭은 것, 익은 것, 마른 것

조금 더 기다리다 보면 알게 되지
내가 간직해 온 선물
그건 배춧국 속에 네모나게 떠 있어
두부를 골라 먹으며 알게 되는 건
모서리가 무너지며 하는 말

이제껏 너처럼 강한 여자를 본 적이 없어

 지금 난 물구나무를 서고 있는 게 아니야 지구를 들어
올리는 중이야
 네가 외칠 때

> 푸른 것을 가리키는 단어가 하나 더 필요해진다

각졌으나 부드러운 것 모난 모서리의 걸음걸이
마지막까지 뛰어오는 이를 위한 결승선과 두 손뼉이 남아 있으므로

오늘 하늘 구름은 꼭 날개 같다

바람 불면
바지랑대 아래서 소나기의 낙법을 연마하는 너는
이번에도 기발하게 무너진다

둥근 것이 책임져 온 혼잣말이 대꾸한다
네가 이번에도 태어나길 선택했듯이

비가 온다 춤을 추라고

만약에
이제 막 입을 뗀 네가

첫마디를 우물거리고 있다면

모두가 그 첫마디를 듣고도 고개를 갸웃거린다 해도
양날의 기쁨이 있다 환한 쪽과 아주 환한 쪽

예지의 말*

근데 있잖아

엄마가 나한테 줄 수 있는 가장 큰 사랑도
엄마의 행복이야

엄마, 알지?

* 정끝별 시인의 시 「옹관1」의 답시.

만종

유실물 보관함의 기도

나로 하여금 사람들이 잃어버린 것을 찾아 가지게 하세요

깨끔발의 기도

나의 이름은 가장 낮은 곳에 드리우게 하시고
사람들 안의 사랑을 일깨워 드높게 하세요

양봉꾼의 기도

제 탓이오, 제 탓이오, 저의 큰 탓이옵니다

딸의 방황이 아비의 뒤통수를 어둑히 앞세우게 하지 마시고
딸의 잘못이 자매들을 가난으로 몰아세우게 하지 마

세요

딸의 방황이 오롯이 딸의 탓이게 하세요

딸의 실패가 어미의 발등을 내리치는 도끼가 되게 하지 마세요

딸의 방황이 끝내는 명랑하게 하세요
딸의 방랑도 딸의 몫으로 남겨 두세요

벌이 날아들게 하시고
당신의 꾸지람을 달게 받게 하세요

세상의 딸들이 밤을 건사하고
아침을 거뜬히 들어 올리게 하세요

오래 곱씹어

벌의 단맛을 알게 하시고

벌의 단맛을 잊게도 하세요

두려움이 무르익게 하세요
마침맞게 사람에게 이르러
사랑을 알게 하세요

물기 어린 기도가 밀려오고 밀려나
무늬를 띠게 하세요

끝 간 데 없는 곳
나체로 춤을 추는 딸들에게 흥을 돋구세요

바보와 얼간이의 기도

제가 깬 컵을 좀 보십시오
빛이 납니다요

나의 어리석음으로 하여금 아침의 배면이 들통나게 하

시고
　나의 수치를 거쳐 아름다움의 진위가 판명 나게 하세요

　허방을 디뎌 본 자
　절룸임의 리듬을 기억하는 발이
　무람없이 파편 위로 내뻗게 하세요

　새로운 걸음을 발명하게 하세요

　불침버의 기도

　어미가 제 발로 돌아온 벼락에 동백을 틔우시고
　아비가 홀로 걷는 고샅길에 노래가 흐르게 하세요

　모든 불꽃은 당신으로부터 말미암은 것이니

　당신의 파수꾼들이
　부지런히 지펴 온 불씨가

겨울과 어우러져 축복을 자아내게 하세요

침묵의 기도

엄만 잊었어
정말 다 까먹었어

시인의 기도

부디 당신은,
당신만은 모르기를

지나치기를
이 시가 당신만은 알아보지 않기를

미궁의 기도

너는 되었는가
되어 가는 중인가

이 헤맴은 잊힐 때 비로소
너에게 이르노니

자폐의 시절을 청산하고
사랑할 채비를 하라

철의 기도

　들불로 나를 씻으시고 죽음에 앞장서게 하세요 무고함을 말하는 자의 입속에서 혀가 되게 하세요 빛이 내 위에 드리워 끝내는 승리하게 하시고 그보다 더 오래 승리의 참혹함을 게워 내게 하세요 밤의 늑골은 나의 거푸집이니 야생이 그의 팔을 붙들고 연행하게 하세요 나에게 부드러움을 좋게 하지 마시고 따뜻함으로 위장하게 하지 마세요 내가 이글거릴 때 녹아 없어지게 하시고 조소를 벗 삼아 침묵하게 하세요 나를 슬픈 자의 발 앞에 두지 마시고, 그가 내가 되게 하세요 용광로 속에 날아든 새 어린 새의 날갯짓이 내 속에서 들끓게 하세요 나의 비겁함은 선한 자의 은신술이니 나는 오롯이 울음으로 낮아지게 하세요 혼자가 되게 하세요 빛과 겨루게 하시고 반성하게 하시고 나와 대적하는 시간을 녹슬게 하세요 백성 앞에 군림하는 장수의 칼날이 부식되게 하세요 선무당이 칼춤을 추고 미래를 빌어 인간을 눈멀게 하니, 그 작두날을 무디게 하시고 법사의 설교가 그치게 하세요 다만 나를, 두려움을 아는 자의 음영 앞에 엎드리게 하세요 반성하게 하시고 두드리게 하세요 공중과 물살, 촛불과 노래는 벨 수 없는 것 부드러움이 내 속의 허공을 쓰다듬을 때 나의 무너짐이 집이 되게 하세요 녹슬지 않는 바닥이 되게 하세요 허기가 나를 부축합니다 휘황한 눈동자가 빛을 겨냥하니 내 속의 고독이 들썩입니다 야생에 곰팡이 슬어 나를 파먹고 내가 야생으로 남아 있게 하세요 두려움을 굽어보세요 다만 악이 악으로 남게 하세요 악으로서 이지러지

게 하세요 인간이 인간이 되어 가는 풍경을 보게 하세요

맏이의 기도

네가 뭔데
네가 뭐라고

너 또 그랬다간 봐
그땐 진짜 너 내 손에 죽어

맘대로 상처받고 다니지 마
멋대로 슬프지도 마

가만 안 둬

살아, 평생 살아서
꼭두새벽에 일어나서 아침 인사 해
전화도 재깍재깍 받고

우리가 두드리면 두 팔 벌려 환영해

너 평생
내가 먹으라는 거 싹싹 비워, 다 먹어
내가 입으라는 거 다 입고
내가 됐다 그럴 때까지

평생 안아
너를 다 살아

틈의 기도

 나로 하여금 숨이 되게 하세요 아기의 울음을 그쳐 잠들게 하시고 언제 어디서든 규칙과 함께하게 하세요 균열이 되게 하세요 두려움이 웃음을 터뜨리게 하시고 망설임 없는 분노가 쥔 칼을 앙증맞게 하세요 공들여 쌓아 온 탑을 무너뜨리는 바람의 장난기를 배웁니다 시궁쥐의 집이 되게 하세요 빛이 대자로 뻗어 잠에 들게 하세요 누구나 찾아오게 하세요 아무에게도 들키지 않게 하세요 제 속에 벌레가 알을 슬어 놓게 하세요 부랑자가 묵어가게 하세요 미치광이처럼 웃거나, 허술한 춤을 추거나, 가눌 수 없는 몸으로 입 맞추는 연인들을 살피게 하세요 나에게 이 모든 것을 헤아리게 하시고 망각하게 하세요 무너지는 것으로서 한바탕 웃음보를 터뜨리곤 완전히 나를 허무세요

지붕의 기도

누그러뜨리세요
내가 떠받쳐 온 믿음이 주저앉는 순간
그것이 가난이 주는 가장 큰 고통이자 황홀임을 알게 하세요

흑연의 기도

내가 너를 도구로 보아 쓸 것이니

언제 어디서든 받아 적을 준비를 하라

시의 기도

강인함은 나의 용맹을 떨치고
나의 이름을 알려 무쌍함을 일으키지만

취약함은 간사함을 보게 하고
내가 그와 같은 인간임을 알게 한다

혼자인 자와
혼자가 아닌 자를 볼 줄 아는 분별력을 갖게 하며

어리고 약한 것들만을 골라 노리는
약아빠진 수캐 떼의 동선을 읽게 한다

귀가 밝으면 오래 숨죽여 울고, 입이 빠르면 깊이 뉘우쳐 운다

이것은 누군가의 생존 전략이 되고

걱정이 많으면 적이 생기고 생각이 깊으면 웃음거리가 된다
이것도 누군가의 생존 전략이 된다

당신을 호위하던 무고와 불온의 시가 내게 이르렀으니

들으라

어린 새끼의 늑골만을 골라 빼 먹는

약삭빠른 박색의 박수들아

숨죽이라

어제의 시와 오늘의 시와 내일의 시가 공명하여 비추니

엎드려 깨닫고 반성하라

〉 다만 구하려는 자가 구하게 될 것이니

시가 이르는 길마다 등이 켜진다

숨죽여 들으라

밤과 낮이 그러하듯, 어둠과 빛이 그러하듯

자백하라

망태기의 기도

은밀한 침묵으로 나는 홀로 있다*

온전한 당신 몫의 어둠

* 가스통 바슐라르, 김웅권 옮김, 『촛불의 미학』(동문선, 2008), 54쪽 각주 6의 변용.

당신 살판을 맡아 온
커다란 망태기가 된다

끝끝내
당신의 흐느낌을 오래 들어 온

커다란 귀가 되어
다다른다

옻의 기도

알맞게 달구어 내
고소한 냄새가 풍긴다

가지 말래도 가 보아야 한다
하지 말래도 해 보아야 한다

겪지 말래도

몸소

낱낱이
모조리

쓴 것
쓰인 것

앓아 보아야 한다

그러니 당신
이제 눈을 감으세요

아침기도

  그릇에 달걀을 깨뜨린다 젓가락으로 달걀물을 휘젓는다 동그란 노른자의 가장자리가 서서히 뭉그러지는 것을 본다 노랗게 뒤섞이는 것을 본다 소금과 설탕 한 꼬집을 넣고 맛술을 따라 넣는다 프라이팬에 기름을 칠하고 열이 오를 때까지 계란물을 휘젓는다 창문 틈으로 날이 밝아 온다 어떤 목소리는 깨어나고 어떤 목소리는 그만 사그라들기를 빈다 어떤 잠은 달아나고 어떤 꿈은 지속되기를 빈다 젓가락과 뒤집개를 들고 지단을 조심스럽게 겹친다 달걀을 익히는 열기와 식물을 키우는 온기 사이에 새소리가 오간다 다시 계란물을 붓고 기다리기를 반복한다 노란 달걀물이 불투명하게 조금씩 익어갈 때 가라앉은 것들이 떠오르기를, 떠오른 것들이 넘쳐흘러 버리기를 빈다 도마 위에서 달걀이 식는 동안 프라이팬의 기름을 닦아 내고 마저 설거지를 한다 그릇이 부딪히며 나는 이 덜그럭거림이 어떤 시작은 일으키고 어떤 작당은 깨뜨리기를 빈다 달걀 위의 그을음은 부드럽다 손을 동그랗게 모아 달걀말이 위에 받치고 일정하게 썰어 낸다 이 가지런함이 어떤 침잠 속 모서리가 되어 빛나길 빈다 흐트러짐 없이 바람이 이 아침을 통과하고 너를 배불리기를, 다만 분노하기를 빈다

화살기도

거수로 결정합시다 몸에 영혼을 입힐지 말지는

맑은 것은 대체로 묽습니까 심장은 얼마간 내가 쥔 주먹의 크기와 유사합니까

부엌문을 열어재낀다 누가 내 관짝을 두드린다

문을 허무는 앙증맞은 발가락

필사적으로 발길질을 한다 부리와 뿌리의 거리만큼

나와 벌레는 얼마만큼 닮아 있는지 문고리의 형식을 발명한 사람이 알고 있는 열림과 닫힘의 성질은 어떠한 것인지를

얼굴에 쓰나미가 갇혀 있을 확률 새 떼가 날아오른다

팔딱거리는 치어 떼가 무리 지어 수면 위로 튀어 오를 때

> 먹고자 한다면, 지구의 본분을 다하자면

처음 보는 사람의 얼굴 속에 무심코 손을 집어넣어 휘저을 때도

마지막으로 화를 내 본 적이 언제인가요?

알맹이가 있나요?

속이 있다는 게 밖이 있다는 말로 들리나요?

슬픔이라면 기어코 연장하겠습니다 외로움에 불필요한 요소라면 찬성입니다

어디까지나

피를 혈이라 부르고 얼굴을 면이라 쓰고 나면 내가 서 있는 부엌이 굴속이 되고

내가 깨뜨린 게 사람으로 둔갑한 거품이라고

거품으로 변장한 옥상이라고

난간으로 둔갑한 너의 기도 끝에 선다

얼마든지

모래 주먹밥

어렸을 때 사람들이 다 출근하고 나면 앞집 뒷집 옆집 사람들 신발을 훔쳐 와 한 짝씩 맛보았다 씁쌀한 맛, 짭짤한 맛, 고소한 맛 거기서 알았다 어렸을 때 나는 불과 악수하고 비를 덮고 잠을 잤다 땅거미가 내려앉는다는 말 들어본 적 있어? 이제 어린 나에게 물을 수 있고 나도 그쪽으로 가 더 커다랗게 대답을 들려줄 수 있다

2박 3일

숨골

시댁 조카는 태어날 때부터 머리숱이 많았다
빨간 얼굴에 푸른 뒤통수
머리카락이 땀에 젖어 이마에 달라붙어 있었다

그 사이로 드나드는
각설탕만 한 잠과
몸부림이

열렸다 닫히는 것이
한눈에 다 들여다보였다

생태교란종

 오늘 밤 베스를 잡으면 사진을 보내 줘 낚싯대를 던지고 앉아서 네가 들은 물귀신들의 작전을 들려줘 누구의 머리통을, 무엇의 발목을, 어떤 노래로 저수지 밑으로 끌고 갈 계획을 짜고 있는지 네가 낚아 아스팔트에 던져 놓은 베스, 그 베스가 어젯밤 귓속으로 꾸물꾸물 헤엄쳐 와 속삭이기를 누나는 뭐 그런 걸 물어봐요 왜 한밤중에 전화했는지 언제부터 웃긴 농담을 잘했는지 그 애랑은 왜 깨지게 됐는지 듣도 보도 못한 외래종이 강줄기를 타고 넘어온다 고인 강둑 수면 위에 알을 까고 빛을 받고 있다 너무 예쁘게, 왜 안 먹어요? 끓고 있는 매운탕 속에서 말을 거는 저 대가리 눈빛이 생생하니까 내 내장에서 우러나온 진한 육수로 내일도 모레도 꿀떡꿀떡 이 골목은 잘 먹고 잘 살 수 있을 것이고 차곡차곡 쌓아 올린 무사태평 누리며 순번을 지켜 오늘은 네가 나를 내일은 내가 너를 구할 수도 있을 것이다 이 놀이가 지겨워질 즈음 누구의 배 밑에 깔려 질식해 갈지 선택할 수도 있다

다음에는 우리도 꼭 착한 사람들이 돼요

귤을 까 앞사람의 입에 넣어 주었습니다 손님을 초대해 밥을 지어 먹이고 이미 알고 있던 것이더라도 처음 듣는

양 생경한 표정으로 올려다보며 호응했습니다 남편의 메시지 알림에는 굳이 귀 기울이지 않았습니다 그도 제가 한밤중에 분리수거를 하러 나가 누구와 통화하고 오는지 더는 캐묻지 않습니다

　계란물을 휘저으며 아침이 왔음을 알아챌 때
　스뎅 그릇 안에서 휘돌아 가는 달걀물을 본다

　맞은편에 앉은
　남편이 중얼거리는 식전 기도의 내용을 바꿔
　함께 손을 모은다

　어머니

　오늘은 적당히만 먹고 적당히만 알게 하소서

　오늘만 살고자 하는 껍데기에겐 거룩한 내일을 베푸시고
　내일의 밥상을 당연히 하는 자에겐

비뚤어진 아가미를 달아 주소서

스밀 줄을 모르고 먹은 것을 도로
게워 내는 개수대

찌꺼기를 모아 먹고
새끼들의 입에 젖을 물리는 들쥐들이

이 지구를 돌게 하는
축일지니

뭉근하고 달콤한 화
부드럽고 따뜻한 화

달궈지고 있는 저 쇠젓가락의 부딪힘 위하여
여즉 다물어질 줄 모르고 빼끔대는
내 아가리를 위하여

눈으로만 봐 주세요

 염소를 빚어 놓을 순 있어도 염소의 냄새까지 빚어 놓진 않겠지 너는 만지지 말라는 것은 만지지 않고 다가가지 말라고 막아 놓은 것에는 관심 가지지 않는다 방파제 위에서 뛰어오는 아이들을 불안한 눈으로 보고만 있다 매어 놓은 줄을 끊고 달려 나가는 염소를 상상하지 않는다 안전띠가 둘러 있는 공터 너머에 반쯤 뜯겨져 있는 철조망을 보고도 지나친다

 너는 사람의 영혼을 뿌리에 비유하지 않는다 하려던 말을 끝까지 끝맺는 법을 안다 배가 부르면 먹던 수저를 내려놓을 줄도 안다 바지는 적당히 주름 잡혀 있고 스카프의 격자무늬 짜임은 은은한 밤색을 띠고 있다 염소가 너의 스카프 끝을 물고 우물거린다 너는 흐트러짐이 없는 자세로 책장을 넘기고 있다 검은 염소는 눈도 깜박이지 않는다

 그 눈빛은 먼 곳에 사다리를 놓는 눈빛이다 깨져 있는 유리컵의 시간을 되감아 원래대로 복구해 놓는 눈빛이다 균형이 맞지 않는 탁자 자리 밑에 휴지 몇 장을 접어 깔

아 놓는 눈빛이다 사람의 엉덩이 모양으로 조금 패어 있는 낡은 소파의 눈빛이다 퇴화된 뿔의 눈빛이다 퇴화된 이후에도 자라나고 있는 검은 혀의 눈빛이다 짓물러 가는 과일에서 나는 단내의 눈빛이다 규칙적인 파문을 그리면서 흘러가는 폐수의 눈빛이다 폐수 위에서 꾸물거리며 사방에 구멍을 파 놓는 구더기의 눈빛이다

내일에게 자리를 양보한다 샤워기의 물을 튼다 샤워 타월에 바디 워시를 묻혀 몸 이곳저곳을 닦는다 거품이 닿고 서야 손목에 긁힌 상처가 있다는 것을 알아챈다 상처 부위를 한번 입으로 가져가 물었다가 뗀다 수압이 약한 변기 위에 물을 퍼 나른다 이제 방까지 들어온 염소에게 물을 먹인다 너는 아주 작은 단호박 타르트를 조심스럽게 포크로 쪼개어 입안으로 가져간다 염소가 다가와서 타르트를 핥는다 나는 칼을 가져와 염소와 타르트 사이에 선다

휴면 계정

오징어를 데쳤다
껍질이 점차로 검푸르게 물들어 가는 것을 지켜보았다
칼자국이 난 모양대로 껍질이 벌어졌다

언젠가는 살아 있었다는 뜻이었다
김이 났다

이사 오기 전에 자주 들르던 빵집 포인트가
곧 소멸된다고 문자가 왔다

먹고는 살아야지, 입안으로 중얼거리다가
버스를 한 대 놓쳤다
파 한 단을 사고 양파 두 망을 사 끌어안고
버스 정류장에 앉아
차들이 지나갈 때마다 낙엽이 허공을 휘도는 것을 보았다

생물과 생물 아닌 것
생— 이라고 말할 때

빨판이 입천장에 달라붙는 것 같고

산 것 중에도 사이비가 있는 것 같고
가짜로 살아 있는 체하는 게 있는 것 같고
곧 버스가 도착할 것이라고 말하는
저 기계 음성이 내 목소리보다
더 진짜 같은데

왜 이 좋은 날에
철조망을 넘어서 도로 위로 뛰어드는
말 한 마리 없을까

슬픔을 어슷썰기 할 수도 있느냐고 물었다
왜 같은 조리법임에도
당신이 한 두부조림과 내가 한 두부조림이 다른 맛인지
끝내 알 수 없었다

양파를 다 먹고 나서는
양파 망에 쓰다 만 비누들을 담아 두었다

붉은 양파 망에서 부글거리며 거품이 비어져 나왔다

왜 이 추운 날에
발가벗고 저 구름을 뜯어 먹어 본다고
조르는 아이 하나 없을까

빵에 잼을 바른다
빵 위에서 흐르는

붉은 잼이
살아 있다

내가 봤다

이웃집에 토끼가 산다

플루트도 가르치고 피아노도 가르치는 이웃집 마당에 토끼가 산다 하얀 토끼가 토끼장 안에서 마당을 등지고 앉아 털을 고른다 귀를 기울이면 벅벅 몸을 긁는 소리가 난다 눈을 떴다 감았다 뜬다 마당에는 파란 꽃 혼자 피는 꽃 무더기로 자라는 파꽃 말하지 않아도 안다 너는 너 나는 나 이다음 생에는 돌멩이로 태어나고 싶어 영수는 혼잣말로 중얼거린다 모서리가 다 깎여 나간 돌멩이 가볍고 날쌘 돌멩이 어린아이가 주워 물수제비를 뜨기에 적당한 돌멩이 지붕 끝에 매달린 빗방울을 볼 때 영수는 잠시 놓여난다 퐁 당 퐁 당 파문이 퍼져 나가고 영수는 고요하다 영수는 가끔 노을이다 영수는 가끔 야산이고 영수는 자주 뒷걸음질이다 영수는 영수일 때 이따금 틀리곤 한다 틀린 영수는 토끼를 보러 간다 토끼는 꼼짝 않고 자다 깨다 자다 깨다 자다 깨어 몸을 늘인다 토끼가 한 번 뛴다 살아 있어 살아 있지? 초등학교를 지나 캠핑카가 주차되어 있는 골목을 지나 작은 도서관을 끼고 이용원 맞은편 골목에 피아노 소리가 들린다 노래 속의 토끼가 점차로 깜박 철장 안에 토끼가 무더기로 철렁 영수 마음속 토끼가 마구잡이로 켜졌다가 꺼질 때 영수는 알파벳을 거꾸로 외운다 토끼는 전생에 폭풍우에 휩쓸려 간 개미집이거나 눈밭 위에 발자국이었을까 토끼는 영수가 다가가면 하던 일을 멈춘다 네가 바다를 떠난 불가사리이거나 밤하늘이 지겨워진 별이라도 너는 너 나는 나 토끼는 자주 밥을 거르고 주인은 매번 토끼의 이름을 다르게 부른다 토끼는 마치 냇물 언젠가는 총성 철장 밖의 마주침 집에서 피아노 소리가 들리면 토끼는 기지개를 켠다 토끼는 대답을 하지 않기에 영수는 계속 되묻는다 너는 갓난애의 도리질 너는 세상에서 제일 투명한 대괄호 영수는 토끼에게 각설탕을 건네는 상상을 하며 집으로 돌아간다 담벼락이 젖어 있다 토끼가 계속 토끼라면 영수는 한 번쯤 노래가 되고 싶다고 바란다 영수가 머물다 간 토끼장 앞에서 이웃들이 멈춰 선다 아무도 플루트도 피아노도 배우지 않고 토끼만 보고 간다

회전무대

너는 네가 커서 뭐가 될지 알아? 내 아빠야 회전무대를 잡고 돌린다 모래바람이 인다 빙빙 이제 그만해 내 칫솔 쓰게 해 줄게 어지러워 이것 좀 멈춰 줘 육교 위에 매미들이 죽어 있었다 샌들을 벗어 털면 죽은 매미의 울음소리가 우수수 떨어졌다 단어장을 꺼내 읽었다 s·c·a·r·e·d 너 흔들면 액체에서 고체 되는 음료수 알아? 캔 속에 혀를 집어넣고 젤리를 핥아 먹다가 입술을 베였어 캔 속에서 거품이 부글부글 비어져 나왔다 콧물을 질질 흘리며 공식을 외웠다 이웃하는 각은 언제나 같은 각일까요? 땡볕 아래 물을 떠다 놓고 신이 와서 마시길 기다리다 잠이 들었다 내 이마는 차고 영수의 손등은 그을려 있었다 이웃하는 얼굴은 언제나 같은 온도입니다 빨강, 레드. 일요일, 선데이. 여름, 쎄임. 월요일, 먼데이. 수박, 워터멜론. 파랑은? 그린 그린. 여름은? 레인보우 할 일이 없으면 영수와 01번 마을버스를 타고 종점까지 가며 단어를 외웠다 무서워 뭐가 무서운지 몰라서 무서워 다음부턴 성인 요금 내고 타 모래주머니를 차고 새벽마다 마을을 뛰어다니는 사람 있잖아, 보면 맨날 윙크해 우유 급식을 신청하지 않은 애들은 교무실로 불려 갔다 빙빙 내 꺼 먹어, 영수가 다 먹은 내 아이스크림 막대기를 가져가고 자기 걸 줬다

끈적끈적한 손바닥을 전봇대에 문질러 닦았다 전봇대엔 언제나 잃어버린 이름들이 붙어 있구나 s·c·a·r·e·d 다음 주부터 폭우가 쏟아진대 먹다가 접어 둔 우유갑에서 벌레 나왔다 벌레 나온 우유 먹은 애래요 오늘 밤에 다리 여섯 개 돋아난대요 아이들이 몰려와 내 머리카락을 잡아당겼다 영수가 달려와 우유를 마저 먹었다 도망치고 싶은 마음에 과거형을 붙이면? 마음에도 불규칙동사가 있어 풀이 초록으로부터 도망칠 때 들판은 한 뼘 더 넓어지고 하늘이 창공에서부터 멀어질 때 가을이 온다 영수가 우유갑을 밟는다 스타카토, 스타카토, 내가 쓴 메모장에는 죽은 매미들의 검은 점박이, 붉은 점박이 붙어 있어 언제든 그 울음을 펼쳐 볼 수 있어 네가 너를 버리고 돌아설 때도 네 이름이 얼마나 무성했는지 알아 비 냄새가 난다 먹구름이 낀다 이름들이 주인을 찾아 담장을 넘는 소리 나뭇가지가 흔들리고 운동장에 개미들이 떼 지어 날기 시작한다 영수 나는 선생님도 미미도 영수도 사랑해 한 컵에 콜라 사이다 미란다를 모두 섞어 마시길 좋아해 너울너울 저녁, 온리. 길, 웨이. 버스는 버스. 바나나는 바나나. 영수가 뛰어온다 빙빙 나는 네가 커서 뭐가 될지 알아

발성

　선배와 나는 나만의 목소리를 찾으러 갔다 버스 정류장에서 버스를 기다리면서 햇볕을 피했다 너 은근히 동기들 사이에서 겉도는 거 알아 그거 다 허물이야 일 년만 지나면 다 자기 살길 찾아서 가더라 연애는 하니? 너무 부담 갖지는 말고 말해 봐

　이미 죽은 사람들과 곧 죽을 사람들, 선배는 발끝으로 나뭇잎을 뒤적거렸다 나뭇잎 밑에는 매미 사체가 있었다

　선배는 영화를 찍는다고 했다 선배 영화 속에는 성별이 없는 사람들이 나온다고 했다 그건 미래의 것이라고, 아무도 찍지 않은 것을 자기가 찍고 있다고 확신했다 새로운 지평이 열릴 것이라고 했다 교수회관 앞에서 강사들이 모여 시위를 하고 있었다 아파트 옆에는 기하학적인 동상이 있었다

　저기 올라가 보고 싶으면 내가 도와줄 수 있어, 아니, 내가 너를 들어 올릴 수 있을까? 너를 돕고 싶다는 마음만을 알아주길 바라 하모니를 넣을 때, 너는 자꾸 옆 사

람의 음정을 따라가는 경향이 있어

　균형 맞추기, 맺고 끊기, 붙잡고 늘어지는 힘도

　정제된 사랑만을 하는 사람들의 이야기. 그런 이야기를 써라. 하지 않았어야 할 말들을 되새기지 말고 첫눈이 오기를 바라지 말고 기차역에서 혼자 앉아 있지 말고 레코드샵에서 죽은 밴드의 엘피를 찾아 듣는 이야기 그거 다 거진 똑같은 얘기다 선배는 땀을 연신 닦아 냈다

　숨을 쉬는 구간을 외워야 해, 선배는 줄이 끊어진 기타 루프를 만지면서 말한다 매미가 울고 선배는 다리를 번갈아 가며 꼬았다 선배의 운동화는 더러웠다 개봉일이 곧 확정될 거라고 했다 그때까지 너만의 목소리를 찾아야 한다고 했다

칼날

　페인트칠이 벗겨진 담벼락에는 자전거 한 대가 쓰러져 있다. 마당 한 편에 고추가 말라 가고 있다. 검푸른 싹을 틔운다. 빨랫줄은 바람이 불 때마다 위로, 아래로 흔들린다. 널어 놓은 빨래 위로 잠자리가 맴을 돈다. 어떤 잠자리들은 몸에 몸을 맞댄 채 쌍으로 붙어 난다. 하늘에 떠가는 구름은 솜을 찢어 물 풀로 붙여 놓은 듯이 떠 있다. 시멘트 바닥을 손톱으로 긁는다. 공중에 떠도는 작은 먼지들이 보인다. 내 눈만 한 창, 내 얼굴만 한 빛. 검은 새가 날아든다. 옥상이 부푼다. 한 축을 끼고 날개가 스쳐 간다. 검은 칼을 갈듯 내 시야를 베어 낸다. 찢어진 소리들이 여기저기 흩어진다. 상추와 옥상이, 옥탑과 다라이가 삽시간에 어두워진다. 날개가 시야를 덮을 때마다 숨이 멎는다. 날개가 스칠 때마다 옥상은 눈을 감았다가 날개가 걷히면 옥상은 눈을 뜬다. 눈을 감은 옥상 위에서 나는 흐물거리는 잔상처럼 떠 있다.

트릭

휴지를 풀어 새를 접고
새가 뛰어내릴 벼랑을 만들었다

절단된 몸으로도 날아오를 수 있도록, 어떤 소원도 등에 이고 가지 않도록 새에게 벼랑을 돌려주려고

티브이 속 마술사의 모자 속에는 계속해서 뽑혀 나오는 색색의 종이천이 있으므로, 마술사를 흉내 내며 갑 휴지 속에 있는 휴지들을 뽑는다 이 갑 휴지 속에도 모르는 얼굴들이 겹겹이 쌓여 있을 것 같아

마술사의 입속에서 뿜어져 나온 새 한 마리는 잇몸을 할퀴며 날아갔다 흔들리는 이빨을 혀로 핥았다 이빨을 실로 묶었다 한 번에 해야 한다, 잇몸에서 피가 비어져 나왔다 마술사의 주머니 속에서 불꽃이 피어올랐다 문고리가 돌아가고 문이 열릴 때

소매 속에 장미 한 송이를 숨기고 있을걸? 아이들에게 트릭을 들킨 마술사를 보면서 국자에 설탕을 붓는다 나

무젓가락으로 조금씩 저으며 설탕을 녹인다 뽑힌 이빨을 손바닥 위에 올리고 만져 본다 이빨 사이로 새어 나가는 발음을 들으며 혼자 깔깔 웃는다 설탕이 녹으면 소다를 조금씩 넣는다 잇몸에서 이빨이 자라날 때 새로운 이름을 갖게 될 줄 알았다

   틀린 발음으로만 말할 수 있는 비밀이 있었다

   진갈색으로 녹은 설탕이 조금씩 부풀어 오른다 설탕을 깔아 놓은 쟁반 위에 달고나 반죽을 올려놓고 누름판으로 누른다 낱개로 파는 악몽도 있어? 떨이로 주는 축복도 있어? 여자의 몸과 얼굴이 마술사의 상자 속에서 이리저리 분해될 동안 달고나 반죽에 별 모양 뽑기를 찍는다 별 모양 자국을 따라 이쑤시개로 촘촘히 모양을 땄다 조각난 별 모양을 넣고 한참을 녹여 먹었다 몸을 조각내는 상상을 들춰 보면 모로 뿌리 내린 송곳니가 있었다

   어금니에 달라붙은 설탕 조각들이 삭아 갈 동안 나는 발가락을 오므렸다 굵은 뼈가 보였다 어젯밤에는 뽑아낸

송곳니를 화분 속에 심었다

을의 기쁨

삭발하고 달렸다
텅 빈 정수리에 내리꽂히는 바람만을
느끼려고

거리에는 작은 알 조명을 휘두른
나무들이 즐비하고

더 작은 실패에서
더 단단한 기쁨으로
옮겨 가는 일은

너무나 휑하고 무료하여서
알타리무 우적우적 씹어 먹었다
입안에 들어차는 차고 아삭한 알타리무가

너무 맵구나
너무 싱겁구나

거리 구석에 놓여 있는 트리를 보며

아이들이 빙그르르 돈다
웃음기 어린 비명을 내지른다

웃음 섞인 비명을 들을 수 있는 일이
다행스러워서

새해에는 꼭
더 나은 불행을 겪게 해 주세요
더 화창하게 울게 해 주세요
손을 모으고 빌었다

부모들은 아이들을 다그치고
손아귀를 빠져나가는
작은 어깨

울먹거리는 나를 보고 지나가는 노인이
한마디를 거들었다
드디어 혼자가 되었구나

간절히 바라던 일이 모두
이루어지고 난 뒤에
텅 비어 버린 겨울나무

손바닥에 손금을 짚어 보며

더 이상 아무것도 바랄 것이 없다는 게
그럼에도 이렇게 기다랗게
생명선이 이어져 있다는 게

평온하다,
아무것도 바랄 게 없다

이 평온 속에서
내게 꼭 필요한 조언이 담긴
글귀가 뽑혀져 나온다면

그 글귀를 이어 붙여
제일 자그마한 지구를 둘러볼 수도 있겠지

> 내가 씹어 먹은 알타리무는
너무 떫고
너무 파래서

내 목줄을 거머쥐고 있는 사람
그 목줄을 던져
이 거리를 비추는
불쏘시개로 쓸 수도 있을 거야

그 사람의 타오르는 걸음걸이를 내다보며
다시 사랑에 빠져 볼 수도 있을 거야

극적인 지구의 탄생보다
당신이 오늘 미룬 일과가 무엇인지가 더 궁금해

횡단보도 앞에 서 있던 사람의
바짓가랑이에 오줌을 눈 개

실수인 줄 알았지?

개의 얼굴에서 인간의 웃는 얼굴을
찾아보게 될 때

시간 위로 뻗어 있는 나무에
알전구를 휘두르는 사람
그 사람의 종아리가
녹아 가고 있는 것을 보았다

믿었어?
네가 그렇게 오래 살게 될 거라는 거
내가 쌓아 온 기억들에
가위표를 그으며

사과잼을 만들어 볼까
사랑하고 싶은 사람들에게 선물해 보면 어떨까

모르는 사람의 어깨를 두드린다
머리맡에 팔베개를 하고
퀭한 눈으로 같이 밤을 지새울까요?

> 이 축복 속으로
아무것도 바랄 것 없는 축복 속으로
발을 담그고

취하지 않으면
시간이 가지 않는다고

홀딱 벗은 몸으로
달력 위를 내달린다

아이의 웃음소리가
도마와 칼이 맞닿는 소리와 닮아 있다는 것

도마 위에서 대파를 송송 썰 때,
적당한 크기로 잘려 나가는 초록은
맵기도, 달기도 하다는 것

그 웃음이 지구의 가장 뾰족한 모서리 한구석을
다지고 있는 소리라는 것

> 오롯이
　지겹도록
　평화로울 때

사바아사나

나비 한 마리가 날아간다 공중의 등을 토닥여 재우듯이
숨을 쉬라고 잠에 들라고
기다린다

의미가 지워지고 입이 지워지기를
오롯이 손이 남기를 기다린다

쌀이 밥이 되고, 밥이 죽이 될 때까지 천천히 냄비 속을 젓는다
아이는 대답할 수 없는 것만을 묻는다
밥이 대신 대답하는 것

걸쭉해질 때까지 밥을 끓인다
바닥에 눌어붙지 않도록 젓는다
김이 난다

내게 유일하게 상처를 줄 수 있는 사람이
내가 가장 사랑하는 이라는 사실을 망각한 채

기다린다
아이가 나를 실망시키기를
방문을 잠그기를
나의 말을 무시하기를
너를 먹이려는 내 가슴을 발로 차기를

기다린다

너를 달래려는 내 뺨을 올려붙이고
오롯이 네 몫의 슬픔을 향해 박차고 나가기를

기다린다고 되지 않는 것
기다리지 말라는 음성을 기다린다

아이가 스스로의 이름에 의심을 품기를
이 완성에 균열을 내기를
한 김 식혀 작은 입에 한 숟갈씩 밥을 떠 넘긴다
아이는 내 얼굴에 밥을 던지고 그릇을 깨뜨린다

아늑하고 뭉근한 화
따뜻하고 조마조마한 화

악착같이 오늘을 먹이는 손과
마디마디 울음을 훔쳐 내는 손이 모여
여기를 호령한다

내가 가장 손쉽게 미워할 수 있는 사람이
나를 아끼는 이라는 것을 저버린 채

거울 속의 모든 기다림이 잊혀지고
마침내 너의 입에 아무것도 남아 있지 않을 때까지

무엇도 믿지 않은 채
아무도 사랑하지 않는 채

한다

보편지향기도

막바지에 들어서면
스스로에게 되뇌인다

좀 더 천천히
그보다 더 천천히

리버서블

플라타너스 숲을 걷는다
나무 등걸은 쉬이 벗겨진다

버짐 핀 내 입가를 보고
영수는 말한다
내 속에는 몇 개의 가면이 있느냐고

비를 그으며
파문을 오래 들여다보았다
동그란 테두리 안에는 그와 엇비슷한 동그란 테두리
그 안에는 또 그와 크게 다르지 않은 동그란 테두리

여름의 둘레는 공명한다
영수와 나는 초록의 심연을 뒤집어 입는다

너의 아이는 택 없고 봉제선이 없어야
옷을 입는다

타향

아카시아 향 껌을 씹는다. 내 입속에서 부풀어 오르는 풍선껌은 달고 찐득하다. 동그랗게 숨을 불어넣는다. 그 숨의 깊이가 우리가 지나온 여름의 부피와 얼마간 닮아 있다. 내 엄지발가락에 빨간 페디큐어를 발라 주던 영숙의 검은 뒤통수와, 그 사이로 나 있던 가마를 생각한다. 그 가마에서 까마득하게 길을 잃고 싶었던 해 질 녘의 시간들은 나와 같이 나이 먹어 간다. 세계의 봄과 가을은 점점 짧아져 간다. 그것은 영수와 보았던 장미의 겹이 한 층 더 깊어진다는 것을 의미할까, 혹은 영숙과 주웠던 단풍나무의 씨앗을 더는 신뢰할 수 없게 된다는 것을 의미할까. 빙빙, 우리의 아이들은 미래에 정말 우리가 듣던 노래들로 그 계절들을 배워 나가게 될까. 내 곁을 스쳐 지나가는 아이의 얼굴, 노인의 보폭, 나뭇잎의 사그라짐을 본다. 그것들 모두 너의 환생이라고 생각하면 걸음이 가뿐해진다. 다음 생에 동요가 되고 싶다던 너는 이번 생에 무엇으로 태어났을까. 악동들이 너를 개사해 부르고 있을까. 짝사랑하는 애에게 좋아한다는 말 대신 너의 리듬을 빌려 마음을 전할까. 아마도 짓궂게 개사해서 부르며 그 애의 뒤꽁무니를 졸졸 따라다니고 있겠지. 빙빙, 너는 그런 악동들에게 성을 내는 사람이었지. 사랑은 부드럽고, 사랑은 일렁이며, 쉽게 사라지지만 쉬이 꺼지지 않는 것이라고 빙빙, 너는 엄포를 놓았겠지. 노랑 브릿지로 꼬리를 염색한 강아지의 헐떡임과 같이. 햇볕을 한 입 베어 먹고 하품을 하는 어린아이의 입속과 같이. 그 입속에 이제 막 올라온 배냇니와 같이. 누구나 타인에게 털어놓지 못하는 저마다의 비밀이 있다. 빙빙, 나는 이제야 안다. 그것이 그 사람을 그 사람일 수 있도록 지탱해 주는 힘이라는 것을. 이것은 너를 지나오는 동안 네가 나에게 준 실마리이다. 놀이터에 앉아 지는 해를 본다. 미끄럼틀 위에서 하염없이 모래를 흘려보내고 있는 아이의 웅크린 등을 본다. 빙글, 빙글, 미끄럼틀을 돌고 돌아 솟아지는 고운 모래처럼. 너의 영혼은 몇 겹의 시간과 몇 바퀴의 영생을 거쳐 나에게 오고 있을까. 그것은 내 허름한 발뒤축일까. 네가 그렇게 알고 싶어 했던 우리 존재의 근원일까. 나는 아직도 네가 읽던 두꺼운 원서를 버리지 못하고 있다. 그것을 펼쳐 볼 때면 새 떼가 날개를 펴 창공으로 날아오르는 소리가 들린다. 그것이면 되었다. 이곳에서 우리는 그것을 활짝이라고 말했지. 활짝 갠 얼굴, 활짝 핀 봉우리. 아침에 일어나

거울을 보고 손뼉을 다섯 번 친다. 빙빙 너는 떠나고 너의 습관은 내게 남아 여전히 살아간다. 짝. 짝. 짝. 짝. 짝. 사랑함으로, 더 바짝 껴안음으로, 그리고 그보다 더 가벼이 떠나보냄으로, 더 가뿐히 미래를 일궈 내는 힘으로. 너는 이곳에 있구나. 조금 덜 기뻐하고 조금 덜 절망하는 방식으로 내가 하루를 건사하는 동안, 어쩌면 너는 나를 다 그치고 있겠구나. 더 크게 웃고, 더 왕창 울라고. 기찻길에 올라 두 팔을 벌려 균형을 잡으며 걷던 나를 뒤에서 와락 안던 너의 큰 품을 떠올린다. 무너짐으로, 그 화창한 무너짐만으로 지나올 수 있었던 시절에. 네가 나를 넘어뜨려 준 것을 잊지 못한다. 네가 너이기에, 너의 기쁨이 여전히 기쁨으로 살아 나가고 있기에. 너의 절망 또한 여전히 절망으로서 단단히 뿌리내리고 우렁차게 커 나가고 있기에. 그것이 누군가에겐 한때의 그늘이 될 수 있음, 그것만은 변치 않음에. 장미의 가시는 뻗어 가고, 단풍의 돌기는 은밀해진다. 빙빙, 네가 돌이라면, 네가 돌을 돌로서 있게 하는 침묵이라면. 네가 새라면. 네가 새를 새로서 날게 하는 나부낌이라면. 너의 환생을 떠올릴 때면 허기가 진다. 빵집 앞을 서성이며 고소한 풍미를 맡을 때 네가 함께하고 있음을 느낀다. 이곳의 빵은 질기고 딱딱하다. 이 빵 속에 무엇이 들었느냐고 질문을 하려면 어떻게 말해야 할지 어물쩡거린다. 고민을 멈추고 덥석 빵을 집어 든다. 빙빙 너는 그런 것은 고민하지 않고 입을 먼저 떼고 보는 사람이었으므로.

2부

돌

 영혼이라는 게 있다면 나는 발로 차면서 걸어갈 것이다 죽은 시인들의 시를 읽는다 쓰인 적 없는 글을 찾기 위해서 몸을 일으킨다 거리로 나간다 길가에 돌이 주저앉아 있는 것을 눈을 씻고 본다 주저앉아 있는 돌멩이가 자기를 부수면서 모래가 되고 먼지가 되어 날아가는 풍경을 한꺼번에 본다 돌이 내게 말을 건다 자기 몸 안에서 무수한 갈래의 길이 휘감아 돌아가고 있다고, 쑥덕거린다 날개가 돋친다 한 아이가 자전거를 타고 비틀거리며 사거리를 돌아 나온다 돌은 자전거 바퀴에 채여 아이를 넘어뜨린다 돌은 웃고 아이는 운다 건물들은 돌이 가진 모서리를 탐낸다 모서리마다 창을 낸다 돌이 빛을 간다 갈려서 흩어지는 빛들, 아이는 빛을 의심한다 빛이 반사하고 있는 사람들의 얼굴 위로 뛰어간다 도망치다 맞닥뜨린 막다른 길에서 돌은 자란다 돌이 아이를 두드린다 꿰뚫는다 돌이 나를 본다 돌은 입을 다물고 나는 춤을 춘다 돌에게 비탈을 돌려주자 뛰자, 뛰어가서 눈을 감자 돌에게 내 심장을 꺼내 준다 죽은 시인이 뚜벅뚜벅 걸어와 돌을 던지고 뛰어가 돌을 줍는다 폐건물에 둥지를 튼 새들이 하나둘 도시로 나간다 시인은 모두가 잠든 사이 길가에서 죽은 새를 치운다 죽어서 쓰일 수 있는 시와 죽어서 날아갈 수 있는 지저귐이 있다 바람이 분다 홀씨가 공중으로 한꺼번에 떠오른다 돌은 돌아 눕고 나는 재채기를 한다 씨앗이 돌을 파고든다 돌이 몸을 뒤집는다 밤새 가려운 등을 긁는다 돌은 눕고 나는 깨진다 돌은 열리고 나는 쌓인다 돌이 나를 돕는다

풍선껌

훌라후프 벚꽃 시계 있었어

벚꽃잎 떨어졌어 그 밑에서 맞담배 피웠지 꽃잎 받아먹겠다고 그 애는 입을 벌리고 위를 쳐다봤어 꼬리 살랑거리며 강아지 한 마리가 단지 내를 뛰어다녔어 혀끝에서 맴도는 건 말이 아니다, 이제 더는 뛰어내릴 필요도, 맞아 죽을 각오도 쓸모없다 몽둥이, 몽둥이를 분질러 꽃잎을 쓸었어 팽팽 모음과 빙빙 자음, 말을 잊고, 침을 삼켰어 옷 속으로 꽃잎이 날아들 때 열린 맨홀 구멍 속

(포도알이 넘어가듯)
(그 애가 나를 꿀떡 삼켰어)

비행운이 날아갔어 말수가 없는 아이의 목구멍 속에 얹혀 있는 알사탕 하나가 되어 하늘의 안감을 꿰매고 싶었어 천천히 물을 삼켰다 벌을 서고 있었다 매를 맞고 있었다 난간이었다 옥상이었고 모든 얼굴이 지붕이었다 미끄러지며 뛰어내리며 그 애가 소리쳤다 여기 있다고 벚꽃잎이 날렸어 터트리자, 쓸어 담자 길가에 떨어진 꽃잎들

송곳니가 되어 밤새 일기를 갉아먹을 때 나 똑똑히 보고 있었어

(모든 걸 거는 것)
(난 그 믿음에 반대야)

전동 킥보드를 타고 내 뒤를 지나가는 사람 인기척도 없이 다가와 넘어질 뻔했어 페인트가 덜 마른 벤치 위에 흰 치마를 입고 앉았다가 엉덩이 자국 그대로 남은 채로 걸어갔다 용서의 바깥까지 갈 수 있다면 기꺼이 가겠어 거리에 페인트 냄새를 풍기면서 웃을까 말까 떨어진 슬리퍼를 끌고 가는 아이도 무인 자판기 앞에 무릎 꿇고 앉아 동전 찾는 아이도

(온 힘을 다해)
(도울게)

슬리퍼 질질 끌면서 시계가 똑딱거렸어 빙빙 돌고 있었지

분홍의 마디뼈를 만지는 게 더는 부끄럽지 않았어
뜀틀을 넘고 허리춤을 추켜올렸다
부풀어 올랐다

소금 정원

소금 정원으로 와요 사슴의 등을 타고 얼음 골을 건너요 망가진 시계가 돌아가는 세계로 가요

소리 나지 않는 피아노 건반을 치며 어둠의 높낮이를 가늠하는 아이 그 아이가 지어내는 리듬 속에는 발목을 부드럽게 휘어 감는 소금 정원이 있지요 오로지 어둠으로, 어둠으로 단단하게 꾸며진 사막 그 방 안에 둘러앉아요

찢어진 우산을 들고 빗속을 걸어요 신호가 바뀌고 사람들을 따라 터널을 지나요 터널 끝에 움푹 파여 있는 웅덩이 하나, 웅덩이는 마주 보고 있는 하늘을 비춰요 비밀을 품고 있는 사람처럼 바깥을 향해 무수히 열려요

꿈속에서는 모두가 혼자이므로

귓바퀴를 따라 흘러들어 가는 속삭임 하나를 나눠 가져요 조금씩 은밀해지는 사이를 견뎌요 뒤척이는 몸짓을 기억해요 꿈꾸고 있는 사람이 추는 숨을 익혀요 잠든 사람이 보고 온 오늘이라는 리듬의 안감은 쉽게 구겨지고요

> 나의 접시 위로 올라와요 크고 작은 물음들 위로 뛰어 봐요 시큼한 예감을 나눠 가지며 내일로 가요

시간이 흐르고 있다는 것을 잊어버려요 눈앞에 있는 사과 한 알을 생각해요 그 사과를 숟가락으로 긁어서 어린아이의 입에 떠 넘겨요 그런 다음 등을 토닥여 트림을 시키고 아이를 안아 쉬이— 쉬이— 소리를 내며 잠을 재워요

소금 정원이 입을 벌려요 눈을 떠요 숨을 쉬어요 기지개를 켜요 준비가 되었어요 손아귀를 빠져나가는 색채들을 놓아주고 텅 빈 채로 백색의 이름을 새로 가져요

약속을 해요 깨어나요 당신 속에서 걸어 나와요 열 사람, 열한 사람 그 발자국을 따라가요 오늘을 잊어요

나무말미

 가로수를 봐 지금 저 이파리를 무슨 색이라고 말해야 할까? 어릴 때 누가 이파리는? 이라고 물어보면 초록색! 단번에 대꾸했어, 그래서였을까 누가 배 속에 연못을 파 놓은 거야 못의 가장자리를 지느러미가 훑고 갈 때 참을 수 없이 간지러워서 어제는 파란색, 노란색, 빨간색, 흰색 깃발을 몽땅 사 버린 거지 우리가 약속한 빨강은, 네가 나한테 처음으로 먼저 말을 걸어 준 오늘까지인 걸로 하자, 여름을 소급해서 네가 맞은 숫눈까지를 울창함이라고 말해 버릴래 비가 그치면 산책 나가 발밑에 떨어져 있는 것들이 잔 나뭇가지인지 지렁이인지 잘 구분하면서 걸어야 돼 최대한 기다란 나뭇가지를 주워 와 걔들을 수풀 쪽으로 옮겨 줘 조금만 건드려도 발작하고 까무러치는 몸짓들 징그럽고 웃기기도 한 춤사위 그 몸서리를 따라하고 싶어, 방문을 걸어 잠그고 나체로 흉내 내 보았어 끝내는 나뭇가지를 버리고 뒤돌아 도망쳤지만 내일은 손꼽아 기다리던 생일이니까 나는 비가 우렁차게 쏟아지길 기다려 초록의 맨얼굴을 본 적 있어? 연두의 스펙트럼을 따라 걸어 본 적은? 하얗기도 하고 노랗기도 한, 빨갛기도 하고 파랗기도 한, 언제는 하얗다가 또 멀리서 보면 발그레한 얼굴

방학 숙제

마루에 누워 바깥을 본다
떠가는 구름의 속력을 헤아려 보는 것이 이번 방학 숙제

밀린 일기를 쓰며
어제의 날씨를 떠올려 보다가

어제는
우산을 챙기지 않아서 어느 집 모퉁이 밑에서
어깨가 젖어 가고 있는데

오늘은 쨍쨍한 햇볕 밑에서
조금씩 갈라지고 있는데

내가 지어 부르는 노래에도 바람이 불어
음표가 우수수 떨어져 내리고

옆집 지붕에 걸린 구름의 흰빛과
앞집 옥상을 지나는 구름의 흰빛의 차이를 구분하는 게 이번 방학 숙제

> 세탁기 돌아가는 소리 속에서
나는 파란 크레파스로 수요일을 칠하고
초록 크레파스로 앞집 개 짖는 소리를 칠하고

밥 짓는 냄새를 종이로 접어 볼 수도 있을 것인데
배가 고파 상추에 밥을 싸 먹고
커다란 상자 하나를 뱉어 볼 수도 있을 텐데

내가 뱉어 낸 상자를 뜯어보면
그곳엔 친구라고 불러 보고 싶은 이름들이 가득하고
작년에 전학 간 친구도

마지막으로 나한테 맥주를 따라 주고
다시는 집으로 돌아오지 않는 할머니도
할머니 냄새가 배어 있는 이불도 돌아오지 않는데

책상 밑에서 다리 두 개가 휘적휘적 흔들거린다
피아노 소리가 흘러들어 온다

도화지 위에 피아노를 그리고
손가락을 올려 쳐 본다

아무 일도 일어나지 않는다
혼자라는 말은 물감 통 속에서 섞여
점점 검푸러진다

높은음자리표

뿔이 난 채로 성이 난 채로
그대로 앞으로 돌진하는 한 마리의 흑염소

이 아침을 모두 꼴깍 삼켜도 죽지 않습니다
장롱 속에 들어가 틀어박혀도 소용없습니다

혀로 어금니를 핥아 보면 작게 깨져 있었다
아침에 일어나면 코가 막혔다

조금 덜 살고 싶어요
풀을 뜯는 흑염소는 흑염소대로 내버려두고요

나를 조금 덜어 가도 좋아요
매어 있던 줄을 끊고 도망치는 흑염소는 흑염소대로 두고요

풀밭 위에 버려져 있던 피아노
피아노 건반 사이로 뛰어다니는 흑염소는 흑염소대로

반음 높은 음계가 되어
멀리 달아나고

헤아리고 싶지 않아요
나를 미워하는 사람들의 속사정과

나를 불쌍히 여기는 사람들이
모르고 있는 다음의 일을

나는 오늘 좀 져도 좋아요
털레털레 신발 가방을 들고 흑염소랑 놀고요

흑염소를 정의 내리지 않아도 되는 나라로
아침을 깨우치지 않아도 되는 나라로

흑염소와 나는 영영
가고요

기쁘다

조각 공원에 햇살이 비춰 들 때
한 그루의 나무가 한 방울의 초록을 튕겨 낼 때
내 안에서 고소한 냄새가 풍겨 온다

바람이 불고
꽃 피어
나는 조금 비뚜름히 써 있다

벤치에 사람들이 띄엄띄엄 앉아 있고
아이들이 분수 밑에서 홀딱 벗고 뛰어다닌다

흰 꽃이 흰 꽃으로 저물고
두려움이 두려움인 채 흔들릴 때

어떤 손짓만이
부지런히 흐른다

아이들이 비명을 내지르며 웃는다
노인들이 모여 체조를 한다

\> 걸음이 느린 개
 똥 참는 개

 발을 동동 구르는 아이가,
 보폭이 좁은 개가 함께 뛰고

 어느 날은
 몰랐던 얼굴이
 내 발치로 와 냄새를 맡고
 컹 짖는다

바자회

바람이 불 때마다 이팝나무에 매달린
푸른색 이파리가 팔랑거린다

사람들은 천막 아래서 물건을 늘어놓는다
더 이상 입지 않게 된 옷들과 신발들
거의 새것과 다름없는 자전거나 수제 비누

유월은 무수한 미래를 매달고 한낮을 가로지른다
아이가 다가와 이팝나무 밑에서 무더기로 핀 꽃떨기를 보면서
아— 하고 입을 벌린다

소풍을 가서 보물찾기를 했을 때
수풀 사이에서 작은 쪽지를 발견했을 때처럼

아— 입을 벌린다
그럼 이팝나무도 따라서
아— 입을 벌리고 흰 꽃 뭉텅이 속에서
초록색 촛불 하나를 탁 켜 둔다

> 꽃떨기가 품은 불씨 하나로
이 여름을 모두 태워 버릴 수 있겠지만
이 한낮을 모두 집어삼킬 수 있겠지만

작은 잎사귀는 작은 잎사귀만으로도
콩 벌레의 배부른 식사가 되기도 하면서

작은 잎사귀가 모여서 큰 그늘을 만들고 있었다
사람들은 수제 비누와 오래된 탁상시계를 바꿔 가지고
국수와 과일주스를 사 먹는다

여분이 어딘가로 가 다시금 쓸모를 가지게 되는 것을 보며
사람들은 오래된 물건들 앞에서 서성거린다

그러는 동안에도
아이는 이팝나무 앞에서
슬러시 하나를 들고

아— 입을 벌리고 있었다

이팝나무와 아이는
기쁨과 이름을 바꿔 달고 마주 웃는다

단순한 우연

깨진 유리잔 속에서 오리들이 떠다니고 있었다
아이는 스케치북 한 장을 북 찢어 낸다

아이는 혼자일 때면 이야기를 지으며 시간을 보냈다
이야기 속에서

누군가와 마주치거나
풍경에 머무르며 생각에 잠기는 날도 있었다

그날 지은 이야기 속에는

깊은 강이 있었고 그 뒤로는 눈 내린 산이 있었다 강의 표면이 얼어 오리들은 가장자리에 몰려들어 떠다니고 있었다

오리 한 마리가 물속으로 고개를 집어넣었다가 뺐다
오리에게는 오랫동안 간직하고 있는 외침 하나가 있었다

물속에서 송사리 한 마리가 지나가는 것을 보았을 때

물속으로 고개를 집어넣으려고 했을 때

강의 저편에서 돌멩이 하나가 날아왔다

오리는 순간 퍼덕였고 첨벙, 소리와 함께 물방울이 이리저리 튀었다
잔잔했던 수면이 깨지는 순간

오리는 조금 펄쩍이면서 날 뻔했고
다시 가라앉았다

그 외침을 기억하고 있는 오리는 다른 오리들에게
돌이 날아와 수면이 산산조각 나는 순간의 외침을 이야기하고 다녔다

그때부터 다른 오리들은 그 오리를
외침이라고 불렀다

아이는 이 외침이라는 오리에 애착을 갖게 되었다

아이는 강물에 돌이 날아오는 순간을 그렸다

그중에 외침은
파랑으로 칠하고
파랑 위에 노랑을 칠하고
노랑 위에 드문드문 붉은 빛을 칠했다

설산은 검은색으로, 강은 더 짙은 검은색으로 칠했다
눈 쌓인 산은
강의 거대한 그림자처럼 우뚝 솟아 있었다

친구

아침엔 너비아니 다섯 개를 구웠다

너비아니에게서는 고소한 냄새가 풍긴다

나에게서는 맡아 볼 수 없었던 부드럽고 생기 있는 냄새가

너비아니에게는 있다

그래서 나는 너비아니와 친구가 되고 싶었고

아무리 골똘히 음미해 보아도 따라잡을 수 없는

너비아니의 풍미와 맛

나는 기름을 두르고 프라이팬에

내가 모르고 싶은 사람들의 얼굴을 구울 수도 있다

너비아니는 조용히 나에게 말을 건넨다

기다림이 무엇인지 아느냐고

그건 조금씩 몸이 따뜻해질 때

그 열기를 몸속에 고요히 잡아 두는 일에 지나지 않고

조금씩 사그라들며 아침을 맞이할 때

몸을 감싸는 허기를 느껴 보는 일과도 같다는 것

나는 끝내 너비아니의 말을 전부 이해할 수는 없었지만

나에게도 기다리는 사람이 있어서

완전히 죽어 볼 수는 없다고 대답한다

다만 나는 너비아니에게 나의 식탁을 조금 더 내어 주고

> 너비아니는 잠깐 내가 된다

이 지루함을 입안에서 천천히 음미해 보는 거야

마침내 너비아니는 그 누구도 아닌 너비아니인 채로

익어 가고

나는 너비아니를 먹었다

너비아니는 사라졌지만

사라진 후에도 너비아니의 고소한 냄새는

식탁을 가득 채우고 있다

림보 대회

한껏 기울어질 수 있나요
공중을 베고 누울 수도 있나요

직립의 몸이기를 포기하면서
그 포기를 선택하면서
봉 하나를 통과할 때

여태껏 볼 수 없었던 명랑함이 샘솟고

유연하게 몸을 놓아줄 때
당신은 공중의 목젖으로 꿀떡 넘어가는
한 모금의 정수이기도 하였는데

배 속에는 코끼리가 살고 있어서요
숲이 울창해서요

그 숲에서는 누운 채 자라는 나무들이 즐비하고
그건 발끝까지 힘을 주고
서로의 비탈을 견주고 있다는 뜻이기도 하여서

> 몸을 뒤로 젖히면
몸 안에서 불꽃 하나가 탁 켜지고

그 불꽃 주위로 나무들이 몰려와
썩은 줄기를 태우고
새잎이 나게 해 달라고 빌고 가기도 했는데

코끼리 한 마리는
자기 코가 왜 이리 긴지 영문을 모르는 채
코를 휘적거리며 앞으로 나아가요

인간은 왜 두 발로 서 있어야 하나요
눕듯이 자라기도 하는 싹을 발견하면
나는 누운 채로 춤을 추고 싶어

더 낮아지는 봉을 통과할 때
거의 바닥에 닿을 듯이
몸이 기울어질 때

내 안에서는 숲이 거꾸로 뒤섞이는 소리만이
화창한데

분실물 보관함

선생님이 우리에게 고민걱정이 뭐냐고 물어보길래
우리는 고민걱정을 찾아보기로 결정했다

경이로움이 무슨 뜻인지 알고 싶댔지?
옷 안에 수영복 입고 오면 절대 안 알려 줄 거야
맨발에 운동화 신고 와도 모른 척할 거야
너는 혓바닥 밑에 붙여 놓았던 껌을 내 손에 뱉었다

우리는 누가 더 수영장 물을 많이 먹는지 내기를 했다
계단에 손을 얹고 발차기를 했다
숨을 참고 머리를 물속에 밀어 넣으면 몸이 떠오른대

물속에서 눈을 뜨는 순간 물을 먹게 되었다
빵빵하게 부푼 볼에서 공기 방울이 퍼져 나갔다

물속에서는 어떤 것이 너의 발목인지를 알아챌 수 없으니

왜라는 질문도 녹여 버릴 수 있을 것 같은

이 새파란 수영장에서는
내 이목구비를 지워 버려도 벌서지 않으니

일렁이는 물의 표면을 만지작거렸다
헛소리가 무럭무럭 자라났다

너 체조 안 하고 들어온 거 비밀로 해 줄게
서서히 발끝부터 적시는 애들 옆에서
한 번에 뛰어든 거 나만 알고 있을게

팔 두 개 다리 두 개 심장 하나 손가락 다섯 개
그게 정말 정답이냐고

수경을 쓰고 본 네 얼굴은
나무와 다름없다
우리는 물속에서 죽을 각오를 하고 뽀뽀한다

여드름 딱지가 물에 닿으면 쓰라리단 말이야
코피가 날 것 같단 말이야

레일 위에서 나는 달력 위에 잘못 적힌 일요일 같아서

몸이 움직이면 물도 움직여
햇볕은 물을 등분하고 있다
빛에 물을 더해서 이 시간을 견디고 있다

이곳이 현실인 것을 알게 된 순간
몸이 뜨지를 않는다

호루라기 소리가 울리고
너는 코를 잡는다

메아리가 퍼진다
시계 초침이 거꾸로 돈다

이대로 숨을 참으면 죽을 수 있을 것 같아서
내 머리를 누르고 있어 달라고 부탁했다
물방울이 나를 한 장씩 넘겼다

괴력의 발차기
급소를 향한 어퍼컷

파도 없음 꼴뚜기 없음 물맛 그저 그럼
너는 시계를 본다

옆 레일을 둥둥 떠서 지나가는 수영 모자를 본다
내가 수영 모자가 되고 수영 모자가 내가 되면
나 대신 수영 모자가 혼나고
나 대신 수영 모자가 물 먹겠지
천장에 물방울이 달라붙어 있었다

너는 물 위에 드러누워 껌을 씹는다
네가 이 레일 위에 떠 있다는 것만으로도
나는 안심하고 물속으로 얼굴을 집어넣을 수 있다

약속을 하자
마다하지 않고 숨을 뱉고 숨을 참고
도리질을 하면서 나는 뜬다 나는 뜬다

중얼거리다 보면 정말 뜬다니까

너는 새로운 애가 오면
매번 이 경주를 반복한다고 했다

내가 아니어도 되는 일

얼룩이 지워지고 난 자리에 서 있기 신발 질질 끌며 번져 가기 새의 붉은 발 바라보기 새의 구심점 베끼기 깝죽거리기 추를 매달고 가장자리까지 나를 던져 보기 매어 있는 밧줄 풀기 바다에 불씨 던지기 점점이 떨어지는 불씨 속으로 뛰어들기 불씨처럼 날아가기 꺼져 가기 말 가두기 가둬 둔 말을 흐트러뜨리기 밤바다에 눕기 바다 속에서 티브이 속에서 거짓말 속에서 더듬이 세우기 날씨 예측하기 귀 속의 이상 기온 겪기 한쪽만 붉게 물든 나무 보고 서 있기 아스팔트 깔기 아스팔트 구석에 있는 개미집 구경하기 홀씨 날리기 아지랑이 발견하기 짧아진 밤을 겨울이라고, 길어진 낮을 여름이라고 부르기 새 눈사람 새 눈사람 새 눈 사람 사람 게처럼 옆으로 걷기 헤진 무릎 너덜거리는 얼굴 노래 속에 냄새 묻히기 지나간 노래 제목 잊어버리기 기어서 기어서 상한 노래 냄새 쿰쿰거리기 물이 엎어진 모양에서 사랑의 자세 발견하기 별을 건축하기 혼잣말의 구조 분석하기 편지를 받아 두고 읽지 않기 일기장 들키기 되고 싶었던 적 없는 꿈에 대해 나불거리기

주머니가 없는 옷

 과일들이 햇볕 밑에서 서서히 물러 가고 있다 주인은 지붕 끝에 시디 몇 장을 매달아 놓고 그 앞에서 라디오를 듣는다 국도 끝에서 달팽이들이 아스팔트 위에 달라붙어 지나가고 있다 횡단열차를 타고 러시아를 여행하겠다던 너와 환율을 계산하면서 옥수수를 먹는다 아랫니로 옥수수를 살살 긁듯이 빼먹으면 되지 네가 한 줄로 나란히 먹어 치운 옥수수대를 자랑하면서 뛰어간다 나는 너를 붙잡아 네 엉덩이에 붙은 달팽이의 사체를 뗀다

 겨드랑이에 얼음 조각을 끼고 걷는다 얼음이 서서히 녹아 가면서 너의 옷에 모르는 지도를 그릴 때 나는 어금니를 깨물고 애써 웃음을 참는다 이곳에 샛길이 있다고 했는데, 지도는 막다른 길 앞에서 좀 더 가 보라고 한다 네가 엎드려 나를 담 위로 올린다 담을 감싸고 있는 넝쿨이 몸을 할퀸다 우리는 몇 번의 담을 넘고 서로의 옷 속에 몇 개의 얼음을 집어넣는다 얼음이 녹아 가면서 등줄기를 타고 내린다

 얼음의 보폭은 길고 길어서 길을 잃고 그 길 끝에서 내

가 본 것은 전신주에 앉아 있는 새들 그리고 사위를 삼키고 있는 바다의 잔물결. 얼굴 언저리에 날파리가 날아와 앉는다 날파리가 얼굴에 드리운 그늘을 훔쳐 날아간다

주머니가 많은 옷

 풀숲에 매달려 있는 열매 한 알을 땄다 말랑말랑하고 빨간 열매 손가락으로 눌러 보면 진물이 새어 나왔다 오월의 눈곱같지 아주 느리게 걷다가 늘어지게 낮잠을 자고 싶어지는 한낮에 조용히 매달려 커져 가는 열매, 그 열매를 하나씩 나눠 먹고 아이는 털어놓을 수 있는 비밀과 털어놓아서는 안 되는 비밀을 구분할 수 있게 되었다

 여섯 살에 여섯 살을 살지 못하면 언젠가 꼭 다시 그 나이를 살게 된다
 그 누구의 목소리도 듣고 싶지 않아서 모두의 얼굴을 밝게 켜둔 채 잠에 드는 애

 매미가 우는 나무, 개미가 이고 가는 설탕, 열한 번째 보조개, 코피의 맛, 천 개의 동심원, 피크닉 테이블, 빼꼼 내민 고개

 나를 닮은 것들은 눈이 너무 많고 손바닥이 축축합니다 누구도 시로 쓸 수 없는 착한 사람이 되려다가 거의 모든 시에 쓰인 유령이 되었습니다 과연 내가 좋은 사람일

까요? 너는 걸음을 늦춘다 바람이 불어온다 울지 않기 위해 뛰고 있는 사람들이 있다는 걸 알았을 때도 나뭇잎의 편향이 의심되었다

단풍나무 밑에서 주운 프로펠러 모양의 씨앗을 날리며 뛰었다 더 멀리 날려 보내기 위해서 잠에 들었다 더 완전히 무너지기 위해서

분노를 슬픔으로 바꿔 말하는 사람들의 보폭을 관찰했다
젤라틴, 솜 인형, 노 슈거 파우더, 스프링, 한 문장으로 이어진 소설

이 슬픔이 나의 것만이 아니라는 것을 알아채게 될 때까지 더 커다랗게 숨었다 내가 뿌리고 온 향수가 어떤 느낌인지 너는 분명하게 이야기하지 않는다 더 깨끗하게 사라지고 싶다는 고백도 하지 않는다 다만 씨과가 무엇인지 아느냐고 묻는다

숙련공

*

할머니의 마지막 말을 제대로 들은 건 나였다

외삼촌은 그것을
맺고 끊음이라고 했고
당숙은 그 말이 아니고
매사 마땅함이라고 했으며
엄마는 말이 없었고

내가 듣기론
맥주와 땅콩이었다

사람들이 모두 고개를 떨구고
형부 될 사람이
손으로 할머니의 눈가를 쓸어 눈을 감겼다

형부 될 사람이 아빠와 악수를 하고
사람들이 서둘러 전화를 하고

뚝뚝
주저앉을 때

나는

할머니의 귀밑에서 새치 한 가닥을 뽑았다

*

천에 가면 청둥오리가 있다
초록빛 목덜미는 물음표같이 생겼다

날개를 포개고
수면 위에 떠 눈을 감고 있는 오리와
고개를 주억거리다가
물속에 몸을 반쯤 집어넣고
뒷발을 버둥거리는 오리가 있다

비가 오는 날이면

오리들이 어디론가 사라졌다가
이튿날 새벽이면 돌아온다
청둥오리의 집은 어디냐고

개포냐고
사당이냐고
경기 양평이냐고
조카가 물었다

청둥오리의 집은 벼락이지
소리 없이 번쩍 하늘에 금이 갈 때
허공을 깨고
초록비가 내리면
신이 오리 한 마리를
강 위에 써 놓는 거야

꿈속으로도 들이치는

비를 그으며 조카가 자는 동안

> 할머니가 뜨던 너울을 잉어 떼가 마저 뜬다

도깨비가 부르던 노래를 손도끼가 맞받아 부른다

그늘이 쓰던 일기를 구름이 넘겨받아 쓴다

조카가 먹다 남긴 토마토주스는 떫다

떫고 물큰하다

*

새치와 나는
함께
빈집에서
학습지 선생님을 기다리며
티브이를 본다

노쇠한 낙타를 이끌고

사막을 횡단하는 사람들
눈이 깊은 사람들
발자국을 금세 핥아 가는 모래들

다른 채널에선
미싱 기계가 늘어선 공장이 나왔다
사람들이 옷에 박음질을 하고 있었다

*

햇볕이 웅크리고 앉아 있던 자리에
동그랗게 그늘이 생긴다

그 밑으로는
검은 잉어의 그림자가
아주 천천히 지나간다

엄마의 꿈속에도
잉어의 속도로

커다란 수박이 굴러온 적이 있다고 했다

그보다 느린 걸음으로 호랑이가
어슬렁 다가온 적이 있다고 했다

그보다 더 정확히 엄마의 이름을 외치는

너무
너무 큰
넝쿨에 감긴 천사가

통째로 떨어져

덥석 엄마에게 안긴 적이 있다고 했다

*

채널을 돌리다
거울을 보고

할머니의 돋보기를 쓴다

어지러이
뭉그러지는 거울 속에서

내가 묻는 질문에 답을 하는 사람들의
진지한 옆모습을 더 자세히
따라할 수 있다

*

할머니의 찬장 속에서
프림을 꺼내
한 숟갈
퍼 먹었다

프림 묻은 숟가락이
햇볕에 반짝인다

어제보다 작아진 빈집과
혼잣말이
새로 태어나
나와 함께 티브이를 보고 있다

조경

매년 페스티벌이 열렸던 섬에 갔다

같은 가수를 좋아하는 사람들이 모여 노래를 듣고 꽃을 보며 각자 돗자리에서 먹을 것을 나누어 먹고 춤을 추던 섬

조경사는 마른 잎이 가득 든 수레를 끌고 수풀 속으로 사라졌다 조경사가 지나간 자리에 떨어져 있는 커다란 잎사귀를 들고 빙글빙글 돌려 보았다 가장자리가 노랗게 바래 안으로 오그라들어 있었다

씩씩한 팜파스, 일렬로 심어져 있는 나무들 앞에 팻말이 꽂혀 있었다 빽빽하게 서 있는 줄기는 사람의 키를 훌쩍 넘어 자라 있었다 조경사가 잎 사이에 걸려 있는 거미줄을 걷어 내고 있었다 씩씩하다는 건 사람의 손을 많이 타는 것이니까 사랑을 많이 받고 자란 아이가 터트리는 울음처럼 아주 커다랗고 화창하게

아이가 쪼그려 앉아 골똘히 들여다보고 있는 것은 풀포기였다 아이는 입을 다물고 손가락으로 조심스럽게 풀잎

의 끝을 건드렸다 풀포기라는 말을 모르는 아이가 잎새를 만질 때 풀은 더 이상 풀도, 초록도, 잡초도 아닌 채로 솟아 있었다 부모가 와서 풀, 풀, 그건 풀이야. 라고 말했다

아이가 푸울— 하고 소리를 내며 입술을 동그랗게 오므렸다 팜파스의 잎사귀는 안전선을 넘어 자라나고 있었다 정원은 아주 커다란 다발로 엮여 있는 것처럼 보였다 이제 막 걸음을 떼기 시작한 아이가 휘청이며 그 사이를 가로질렀다

이곳의 물로는 손을 씻을 수 없습니다 화장실 거울에 경고문이 붙어 있었다 생수로 손을 씻고 등나무 밑에 앉았다

풀숲에 토끼가 뛰어다니고 있었다 사람들 몇이 와서 토끼를 잡아 배와 귀를 확인하고 다시 풀어 주길 반복했다

비굴할 때는 비굴한 채로

철봉에 거꾸로 매달려 얼굴이 빨개질 때까지
하늘을 바라봤다

운동장은 이제 막 전구를 갈아 끼운 방 안처럼 환했다

철봉 밑에 막대 사탕이 떨어져 있었다
개미 붙은 사탕을 입에 넣고 두리번거렸다

웅덩이에 비친 얼굴은
울렁거리고
달콤하고
텁텁하여서

내가 아닌 다른 것이 되고 싶어
나를 던지고 멀리 떠나고 싶어

꿈에는
이런 말을 끊임없이 중얼거리는 돌멩이가 나왔다
꿈을 깬 이후에는 돌멩이를 볼 때마다 부쉈다

> 내 몸을 만져 본다
인사를 건네 본다

나무 등걸은 조판을 파 놓은 것처럼 울퉁불퉁하고
모래 먼지가 눈에 들어왔다

이야기를 찾아다녔다
사람들이 아주 많이 나오는 이야기를

모래 먼지가 그림자를 옮기고 있었다
손목시계를 풀면
가죽 모양대로 자국이 나 있었다

사람은 누구나가 그림자를 가지고 살아간다는 사실이
햇볕을 맡을 자격이 있다는 말처럼 들리는 날도 있었고

낙엽 더미 사이에 개똥이 굳어 있었다
나뭇가지로 건드리면
부스러졌다

> 친절한 사람들은 힘이 센 사람들이라는 사실을
아주 나중에야 알게 되었다

할 말이 없을 때
정말 부럽다, 말하면
모두가 진짜라고 믿었다

미안하지 않을 때에도
진심으로
미안한 표정을 지어 보일 수 있었고

노랗게 구름이 떠가는 하늘을 걸어 보고 싶었다
걷다가 걷다가
발목이 분질러질 때까지 걸어 보고 싶었다

누굴 속이지 않고서도

구름을 보면
이야기를 짓고 싶었다

3부

청포묵 먹는 날

 시장 가판대 앞에 나란히 앉아 묵사발을 먹는다 빗소리가 튀기는 데도 아랑곳 않고 후룩후룩 묵사발을 먹는다 주인 할머니는 가림막을 하나 더 편다 가림막은 빨강 파랑 노랑 소나기의 안색은 곧 너의 안색이 된다 이건 지나가는 비예요 뒷짐을 지고 밖을 내다보는 아저씨는 육손이다 너는 묵사발을 하나 더 시켜 내 그릇에 세 젓가락 덜고 먹는다 나는 오이를 도로 네 그릇에 던다 주인은 너와 나의 그릇에 오이를 한 줌씩 더 넣어 준다 주인의 등어리에는 땀이 차 있다 육손이 아저씨는 지나가는 비에게 계속 말을 건다

춘하추동

 시장 어귀에 곱창골목이 있다 아이를 앞세우고 곱창골목을 걷는다 목포 집, 안양 집, 광주 집, 먹자 집, 원조 돼지 집 이모 삼촌들 들기름에 볶음밥 달달 볶으면서 이리 오라고 손짓한다 여기라고, 슬며시 옷깃을 잡아끈다 내 아이는 어깨를 움츠리고 아예 초입에 있는 곱창 집에 들어가 순대곱창 야채곱창 볶음밥까지 죄 살 기세다 늘그막에 앉아 훑어보던 어른만이 잡술 사람한테만 손짓하라 쉰소리를 한다 자금자금 내 앞에 몇 걸음 앞서 가는 아이에게 눈짓하는 양반들을 보고 싱긋 웃고 목례를 하면 그제야 당신들은 하던 일을 하고, 어제도 보았고 그제도 보았던 연속극을 이어 본다 아이는 바큇살이 헛도는 두 발 자전거를 처음 탄 마냥 자꾸만 뒤를 흘깃거린다 여기가 어디예요? 곱창골목이지요, 곱창이요? 곱창이지요, 자꾸 인사를 해 싸서, 자꾸 이쁘다, 딱하다, 언니, 동생, 이모라고 불러서, 많이 줄게, 잘해 줄게, 언니 여기야, 옷깃을 잡아 끄는 여기는 지독한 구린내가 진동하는 곳, 질기고 억센 것들, 찌꺼기들이 모여 있는 곳, 나 고삐리 때 친구들이랑 화장 떡칠하고 똥꼬 치마 입고 가서 의기양양하게 소주 주문하면 이모할머니, 우리를 쏘아보고 오백미리 삼다

수만 한 병 주면서 지랄지랄 잔소리 해 쌌던 곳, 다섯이서 야채곱창 이 인분 볶음밥 하나 시키면 배 터져 죽어 이모 할머니 밥 남기면 다신 곱창 안 팔 거라 고래고래 소리 질러 곱창보다 그 욕지기가 고소하고 쫀득쫀득하던 곳, 우리 친구들 꼬박 반나절에 걸쳐서야 삼다수 한 병, 고봉밥 노나 먹고 배때지 터져 도저히 한 걸음으로 못 걷고 장판 위에 자빠져 자던 곳. 늬 집에서 먹자고 줄 섰던 손님들이 기다리다 지쳐 우리 집에서 곱창 먹고 가는 곳, 달큰하고 짭짤하고, 당면 팍팍 깻잎 팍팍, 순대는 야들야들 곱창은 쫀뜩쫀득, 야채곱창의 킥은 환타와 단무지 녹두빈대떡의 킥은 양파 장아찌, 뻥튀기의 킥은 투게더 맵고 달고 짜고 고소한 맛을 자아내는 곳, 울 엄마, 가시내들, 지지방굴이들, 딸랑구들 오면 맵게 해 주고 인부 삼촌들 오면 고봉밥 주고, 막둥이 오면 어화둥둥 돈 통에서 천 원 만 원 꺼내 쥐여 주는 곳, 누구 장모님 사위 둘이 만나 손을 맞잡고 쑤군쑤군, 쑥덕쑥덕. 디비져 울다가 뒤로 자빠져 아주 웃는다 새벽이 온다 높새를 건너, 내를 건너, 사람을 건너 시장은 기지개를 켜고 바지런을 떤다 샷다문을 연다 우리 애기 뻥튀기 얻어 바작바작 먹으면서 가다가 곱창골목에 빵 끈을 떨어뜨렸다는데, 이모들 아가 뭐를 잃어버렸느냐구 물으면 우리 애기 반지라구 그러는데 온 시장 이모 삼촌 할머니 방수포를 거치고 금반지 은반지 묵주반지 옥반지를 찾는다

손이 많이 가는 스타일

양산을 고를 때는
겉은 밝고 속은 어두운 쪽이 좋습니다

입꼬리를 끌어올리고
어제보다 조금 더 길어진 그림자를 갖게 되었다

수돗가에 모여 물통에 빠진 개미를 보며
머리를 맞대고 의논을 했다

물통 속에 반절 넘게 물이 찰랑거리고 있어서

기다리는 게 돕는 거야
얼음이 녹으면 물이 더 찰 텐데

개미만 하게 작아서
개미만큼이나 뚜렷해서

팔 벌려 뛰기를 할 때 마지막 구호를 붙인 애가 누군지는

아무도 모르고

내 팔뚝을 기어가는
소름

이걸 확 쏟아 버릴 수도 없고

피구 시합을 하면
제일 먼저 죽고 싶었는데
기왕이면 덜 아프게
공을 맞고 싶었는데

눈을 떠 보니
제일 마지막까지 살아남아 있었다

필사적으로
내게 날아오는 공을 피해
몸을 수그리고 점프를 하며

미끄러진다

이럴 거면
그냥 한 번에 꿀떡 삼키는 게 낫지 않겠어?

아침마다 녹용을 먹는 애는
자기가 먹는 게 뭔지도 모르고
매일 조금씩 살이 쪘다

무쌍하게

선풍기 날개에 붙은 먼지를 본다
팽팽 돌아가는 중에도
들러붙는다니까
그러니까

사랑이라는 말을 처음 발명한 사람의 뒷모습이 되는 쪽
수란을 만드는 법을 처음 발견한 사람의 아침이 되는 쪽

어느 쪽을 고르느냐에 따라
오늘 점심 당번이 갈리는 거였는데

제일 먼저 줄을 서서 받은 흰 쌀밥이
너무 뜨거워서
입천장이 다 까졌을 때 알았다

정답은 없어
그 말의 나머지는

사랑도 수란도 아니고

까진 입천장을 더듬는 혀가
알아차린

쪽

활짝 열린 하늘 위 뚜껑에
던져 볼 마지막 모래주머니를 줍는다

> 온몸이
　흠씬
　젖는다

나무는 나무이기를 그만두고 지붕은 지붕이기를 멈추며

비가 그친 골목 구석에 장미 꽃잎이 무더기로 떨어져 있다
만보기를 켠다
젖은 그네에 새가 앉아 있다
이웃집 마당에 못 보던 개가 누워 있다
자동차 밑 고양이 밥
마을버스를 코앞에서 놓친 사람
차창에 얼굴을 비춰 보며 구레나룻을 매만지는 사람
갈 곳 없는 내 아침에도 갈림길은 있다
단골 중국집에 붙어 있는 임대 문의 종이를 보고
젖어 있는 고지서들을 보고
갈라진 아스팔트를 본다
녹즙기를 들고 마트 앞에 서 있는 아저씨를 보고
그 아저씨에게 녹즙기를 건네받고
전봇대 밑에서 담배를 피우는 다른 아저씨를 본다
정육점을 지날 때마다 차가운 공기가 느껴진다
한 발로 서서 운동화 속 모래를 터는 아이
초등학생들이 횡단보도를 기다리고 있다
호루라기 소리 들린다

마트에서 소금 한 봉지를 집어 든다
우유를 살지 계란을 살지 고민하는 동안
아침은 나를 돌아간다
장미는 겹겹이 쌓여 있다
매일은 향기롭고 따뜻하지만
간신히 매달려 있으며
번번이 다르다
계단을 오른다 오르고 또 오른다
떴다 떴다 비행기
무릎 위에 손가락을 올리고 쳐 본다
아무 소리도 들리지 않는다
이 침묵은 젖어 있다
아주 붉다

정각에 오는 슬픔

또 한 명의 지구인이 중력을 무시하고 날아오른다

-부리는 이야기의 씨앗을 쪼아 먹고 아무것도 될 수 없는 나를 낳았습니다

종이학을 접었다 접었다가 편 자리에 아이가 앉아 보았다 다리를 흔들고 있었다 거기서 뭐해? 내가 묻자 접었다 편 자리 위로 훌쩍 올라가 걸었다 전신주 위를 걷듯이 폴짝 공중제비를 돌아 보였다 종이 한 장이 품고 있는 날개가 동시에 펄럭이면 지구를 날려 보낼 수 있을지 몰라 아이는 혼잣말을 한다 꼬리에 꼬리를 무는 이야기들 속에서 종이학을 펴 본다

모서리를 맞춰 접었다가 편 자리는
나 아닌 비행기가,
너 아닌 오렌지가,
사랑 밖의 기쁨이 될 수도 있었던 자리

죽도록 미워하는 사람에게서 미안하다는 말을 듣는 순

간에는 공들여 쌓아 놓은 높이가

　무너졌다 부화하기 직전의 알에게 눈빛을 보낸다 종이가 품고 있는 글자는, 이미 금이 간 알의 전개도를 모르는 글자는, 지금 걷고 있는 자리는 학의 부리가 될 수도 있었던 자리

　-사랑 밖의 선언은 종이학 속으로 파고듭니다 찰랑이며 수면 위로 떠오릅니다 마음은 고무로 빚어진 그릇입니까 미움은 소분하여 조금씩 나눠 먹고 있습니다 까먹고 펼쳐 보지 않은 미래도 종이학 안에 넘실대고 있습니다 태어나고 싶습니다 이제 그만 깨어나고 싶습니다 손가락이 베이고 점선을 따라 걷다 보면 내가 되어 온 사랑이 길을 가로막고 있습니다 휘파람을 불며 흘겨봅니다

　종이학을 펴 본다
　사람이라는 말의 점선을 따라 손톱으로 꾹꾹 눌러 접는다

낮과 밤

해가 들고 바람이 분다
담배 한 개비를 피운다
버스 정류장 칸막이에는 새똥이 묻어 있다
춘추복을 입은 학생 둘이 지나간다
전화가 울린다
검은 가방에 달려 있는 커다란
인형이 앞뒤로 왔다 갔다 한다
횡단보도 옆에는 오렌지를 파는 사람이 있다
배가 고프다
안약을 두 방울 넣는다
머리를 자르고
바닥에 떨어져 있는 머리카락을
발로 쓸어 본다
검은 티셔츠를 사 입는다
길가에 놓여 있는
수박을 두드려 본다
기름 무지개 띠를 본다
마개를 잃어버린 물병들 속에
쌀알들이 담겨 있다

대답이 들려온다
칫솔이 뻣뻣해져 있었다
너의 옥탑에 올라가 보았다
고지서가 쌓여 있었다
네가 그제에는
밥솥에서 뿜어져 나오는 김이라는 사실을
오늘에는 비닐봉지를 찢고
언덕 위로 굴러 떨어져 내리는
토마토라는 사실을
내일에도
모레에도

외가

 지느러미가 물결을 흔든다 검은 아가미 붉은 꼬리 천장은 낮다 한쪽 벽을 모두 가리는 수조 창문 틈새로 조금씩 빛이 든다 푸르다 노르스름하다 검게 흐른다 샴푸 거품이 풀리듯 수조 속 기포가 흩어진다 잉어는 날이 갈수록 몸통이 붉어진다 지느러미가 뜯겨 나간다 몸을 웅크렸다가 한 번에 손발을 뻗는다 천장을 향해 손을 뻗는다 수조 바닥에서부터 올라오는 기포들을 볼 때면 숨을 참았다 잉어는 눈을 깜박인다 수조 바깥을 응시한다 나는 검지 손가락으로 유리 표면을 만지고 잉어는 유리 너머에서 내 검지를 따라 움직인다 인조 해초 사이를 지난다 사탕, 안경집, 잘린 손톱, 하나하나 수조 안에 넣는다 눈앞에 붉은 빛, 흰빛이 작은 벌레들처럼 공중을 떠다닌다 잡아 보려고 해도 잡히지 않는다 잉어가 천천히 떠가다가 스프링이 튀어 나가듯 뒤로 돌아선다 잉어는 자기 몸에서 떨어져 나간 비늘을 먹는다 수조는 조금씩 기울어 가고 어항과 나 사이를 팽팽하게 잡아당기는, 끊어질 듯 끊어지지 않는 소리의 끝 잉어의 아가미와 내 배가 규칙적으로 부풀었다가 꺼진다 잉어는 나를 번복한다 내 손등은 빛이 닿는 쪽과 빛이 닿지 않는 쪽으로 갈라진다 뚜렷해지는 시야, 미닫이문의 짜임새, 작은 씨앗 모양, 문 뒤의 짐이 반투명하게 비친다 수조 파이프에 죽어 있는 잉어들을 나무젓가락으로 빼낼 때마다 손등 위로 미끄러지던 몸통들 젓가락 사이로 살점이 부스러져 나가는, 번져 가는, 붉은 반점 한 마리 두 마리 세 마리째에도 구석의 곰팡이는 선명해진다 공기는 차갑다 나는 입을 벌린다 팔에 소름이 돋는다 잉어가 수조 밖으로 튀어 오르길 기다린다 나는 잉어의 시선 밖에 서 있다 파리 한 마리가 내 입속으로 쫓기듯 날아든다 구멍을 삼킨 것 같다

수치

인삼 잎 위에 청개구리 한 마리가 쪼그려 앉아 있다 바람이 불어 잎사귀가 위아래로 흔들려도 꼼짝 않고 인삼 잎 위에 쪼그려 앉아 운다 청개구리, 아침을 깔고 앉아 눈알을 굴리며 허공 속을 샅샅이 뒤진다 생면부지의 아침이 온다 풀잎들 사이로 거미줄이 걸려 있다 볕이 내리 쬔다 거미줄이 희게 빛난다 햇살이 길게 벼린 칼을 빼어 든다 꿀이 흐르듯, 리듬을 베어 내듯 빛난다 트럭 한 대로 가족들이 인삼밭으로 향한다 임진강을 지나 공동경비구역에 우뚝 서 있는 여름과 완전무장한 태양 속으로 다 같이 인삼 꽃을 따러 간다 부풀어 올라…… 미끄덩 미끄덩 내 손바닥 위로 빠져나가는 초록빛, 덜컹거리는 트럭 안에서 헛구역질을 해 댄다 창밖으로 인삼밭을 내다보았다 똑똑, 인삼 꽃 따는 소리가 어금니를 부득부득 가는 소리 같아, 누가 내 이마에 딱밤을 때리나 인적이 끊긴 길에서 쥐들이 운신하고 있다 두리번거리는 이파리들, 우수 속으로, 먼지 낀 그림자 사이로, 팔뚝만 한 쥐들이 몰려와 개구리 울음소리를 갉아먹을 때 나는 내가 어느 시대에 살고 있는지 잊어버리고 청개구리가 그려 놓은 포물선 위로 숱한 각오들이 사라진다 실컷 뛰놀라며, 맘껏 살으라며, 비잉—

비잉— 순식간에 사라졌다가 다가오는 내 뒷모습을 본다
맴을 돌며 하염없이 나를 연속하는

배합물

 팔월이 되면 줄기마다 능소화가 피었다 골목 어귀에 떨어져 있는 꽃떨기를 발끝으로 뭉개며 눈이 멀 것 같다, 라고 말하는 영수의 뒤로 플래시가 터졌다 꽃봉우리는 공중에 번지는 파문 같아서 꽃 내음을 맡고 있으면 공중의 수심을 알아보고 싶었다 눈먼 노인은 꽃을 따라가다가 허공 속에 실족해 빠져 죽은 구름에 대해 떠들었다 붉은 물이 들어 가는 신발코에는 징그러운 소문이 달라붙는다 날 수 있다면 얼마나 좋을까 빙빙, 곤충들의 날개를 이어 붙여 커다란 썬 캐처를 만들다 아침이 왔어 강가에 기름이 떠다닌다 국소 마취를 하고 살을 파고드는 손톱을 하나씩 뽑았다 오래 응시하는 사람이 이기는 게임이나 물속에서 숨을 더 오래 참는 사람이 이기는 게임 그건 치욕에 대해 더 자세히 진술할 수 있는 사람을 찾으려는 계략이라는 시위가 벌어졌다 진상을 규명하라 외치는 사람들 사이로 암막 구름을 배달하는 오토바이들이 줄지어 달려갔다 영수, 너는 네가 두려워하는 것이 무엇인지 말할 수 있어? 그런 질문은 내가 어떤 오해들로 이루어진 줄 아는지에 대한 질문과도 같았다 빙빙과 영수가, 빙빙과 영숙이, 영숙과 영수가 나란히 걸어갈 때 그 사이를 비집고 나비

한 마리가 날아간다 영수와 영숙과 빙빙은 이번 방학 동안 각자의 날갯짓을 세는 단위를 찾아보기로 한다 말을 잃은 영수가 길을 알게 되고 집을 얻은 빙빙이 다락방에 비밀을 모아 둘 때, 영숙과 영수는 각자의 베개피를 빨고 머리를 빗은 후에 서로를 잊는다

성실한 사람들

빗물이 계단에 쓸려 내려간다 비 냄새가 난다
앞집 지붕이 하얗게 샌다
하수구에서 쥐들이 튀어나와 주차장 너머로 달아난다

오늘은 밥을 한 끼 걸렀다
이 비가 나를 거든다

얼굴 위에도 장마는 계속되고 있고
나는 얼굴이 한 장 한 장
뜯겨 나가는 것을 보았는데

움푹 팬 볼 위에 보조개가 생겼다가 사라진다

이 풍경이 지겨워

이다음에 덮칠 무더위가, 무더위가 끌고 올 짙은 그림자가
그림자가 만들어 낼 반복이

시간은 흐르고 흘러

모래밭에 죽은 매미들이 널려 있었다 늦여름이었고
그것을 나뭇잎과 함께 쓸어 가던 어느 노인을 보았다

땅속에 파묻혀 있을 무수한 매미들의 울음을 떠올렸다
몇 번의 여름을 거듭할 수 있는
울창한 울음소리를

허리를 꼿꼿이 펴고
물을 한 모금 마시고 체조를 한다

살아 있으므로
계속되고 있으므로

그 사실이 매번 빗물에 씻겨 내려가더라도

종이 울린다
모두가 혼자 반복되고 있었다

> 힘을 빼세요, 심호흡을 하세요
나직이 말하는 음성이 있었다

나는 지구와 같이 상해 가고
지구는 타인과의 거리만큼 커다래져서

휘몰아치고 있었다
변칙을 쓰며 내 이마 위로 떨어지는 빗방울 하나는
우연을 자처하며
가까워졌다
말라 갔다

이 반복을 사랑할 수 없었으나
구멍 뚫린 우산을 쓰고 한참을 걸어 볼 수는 있었다

상냥한 사람들이 키운 텃밭

　할아버지가 키우는 고추밭 상추밭에는 소라 껍데기가 있다 벌레가 그 안으로 들어가 알을 슨다 소라 껍데기 안은 점점 흙으로 채워진다

　그동안에 할아버지는 시장에 가서 빨랫비누를 팔다가 양파를 팔다가 뻥튀기를 판다 그동안에 아기는 양잿물에 손을 담가 보고 사과의 단맛과 양파의 단맛을 구분하게 된다 유과 사탕을 입에 물고 아기가 잠투정을 한다 언니들이 홍옥을 요리조리 돌려보는 사이 시장 어귀 한 켠에서 아기는 잠 속으로 굴러 떨어진다 파리와 함께, 양파 망과 함께, 시래기와 함께, 가락을 들으며, 부대끼며 청어 옆에서 자고, 도라지 옆에서 잔다, 돼지 내장 옆에서 자고, 말린 고추 옆에서 잔다 의심 없는 잠 질문 없는 잠 상여를 든 사람들이 지나간다

혼자를 위한 숲

 겁쟁이 사자가 지나간 자리엔 움푹한 발자국이 남았어 폭풍이 지나가고 그 발자국에 빗물이 고였어 빗물이 고인 자리에 벌레들이 날아와 여름내 알을 슬어 놓기도 했지 겁쟁이 사자는 조금 떨고 있었어 폭풍우가 몰아치는 이 여름 위로 흔들거리는 그네가 어린아이를 놓쳐 버릴까, 푸른 잎사귀 위에서 무당벌레 한 마리가 잎맥의 지도 위에서 길을 잃진 않을까, 바람이 불고 그네를 탄 아이의 머리칼이 부드럽게 휘날릴 때 아이가 발을 구를 때, 겁쟁이 사자는 잠이 오지 않았어

 양철나무꾼은 뜨거운 심장을, 도로시는 집으로 돌아가고 싶다는 소원을 갖고 있다고 하지만 겁쟁이 사자는 풀숲 위에 누워 어떤 날엔 크게 울었어 화려한 갈기를 가진 사자가 되고 싶었던 적 있던가? 날카로운 이빨을 갖고 싶었던 적 있던가? 굶주리며 밤을 보낸 적은 있어 어쩌면 매일 그랬을지도 몰라 겁쟁이 사자는 모래 언덕을 오르고 자그마한 태양을 핥아 먹으며 살아왔거든 목이 마르면? 아마도 밤중에 흐르는 노래나 새벽에 퍼지는 그을음을 마셨을지도 몰라 겁쟁이 사자는 그림자가 없는 낮이 두려웠

을까? 커다란 웃음소리를 가진 겁쟁이 사자가 웃으면 새들이 날아가고 청설모는 달아났어 겁쟁이 사자는 아침이 오면 더 숨죽여 미소 지었어

더 자그마한 기쁨으로 조금 더 망설이는 몸짓으로

길을 잃은 꿈속에서라야 비로소 자신의 이야기를 지어 말할 수 있게 된 개의 이야기를 아시오? 이빨과 손발톱을 뽑아드리리다 부디 가져가시오 나는 울지 않고 웃소이다 이 커다란 울음 곁에 누워 보시겠소 검고 짙게 드리울 때 양옆으로 어깨를 천천히 흔들고 있소 내 살을 발라드리리다 내 뼈를 발라 보시겠소? 내 거죽을 입어 보시오 이 밤의 깊이를 달래 보시게 용맹함 없이도 초록은 초록으로 나아가고 있으니 평화가 평화를 깨트릴 때에도 노래는 계속되고 있으니 여기에 있소 내가 도맡겠소 죽음을 호위하는 일 어둠의 안위를 챙기는 일 포효로는 어느 편에도 서지 않겠으며 느즈막한 걸음으로만 곁이 되어 드리리다 혼자인 것과 손잡을 것이며 함께일 때 숨죽이겠소 한 모금의 슬기로도 이 숲은 푸르리오

〉 어둠의 꼭 쥔 주먹 안에는 아이들의 발자국이 있어 밤새 찰박이며 뛰놀고 있대 네가 밤사이 뒤척일 때 겁쟁이 사자 한 마리가 앞발을 내밀고 웅크려 있는 걸 본 적 있니?

할 수 있는 일

새는 구겨져 있었다
누군가 일기 같은 것을 쓰다가 북 찢어 구겨 놓은 것처럼
새의 구겨진 자리마다 작은 모서리가 솟아 있었다

한 손에 새를 앉히고 말을 걸었다

새야 날아 보렴

구겨진 날개가 접힌 자리에
새가 날아다녔을 하늘이 묻어 있을 것만 같아서

어느 날은
새가 내 잠을 신고 걸어 다니기도 했다

새의 발끝에 매달린 잠 속에서
나는 길을 잃고 눈을 뜨고 일어나 세수를 한다

씻겨 내려간 거품은 새가 꾸고 있는 꿈

작은 거품 속에서 구겨진 새는 알을 슬어 놓는다

새를 펼쳐 보려고 할 수도 있겠지만
새를 설득해 보려고 할 수도 있겠지만

흰빛을 놔 버리기로 작정한 새야
날기를 그만두기로 선택한 새야

구겨진 새에게 밥을 준다 구겨진 새는 일그러진 부리를 꺼내
모이를 쪼아 먹는다

눈에 보이지도 않는데 손에 잡히지도 않는데
여전히 여기에 남은 게 있다는 것이 믿기지 않는 날이 있어

어느 날은 구겨진 새가 내 얼굴을 열어 뒤적거린다
그중에서 가장 쓸모없어 보이는 것을 찾다가
아예 둥지를 틀고 앉는다

> 나는 새가 닫고 있는 문 앞에 서서 새를 두드려 본다
어느 날은 새에게 노래를 불러 준다

노래의 스위치를 올리면 방 안이 한 뼘 더 어두워졌다

구겨진 새는 조금씩 나를 지워 가고 있었다
생겼다가 사라지기를 반복하며

나에게서 빛이 사라지며
새에게서 하늘이 사라지며

구겨진 채
리듬이 생겨나고 있었다

쌀통에 쌀을 쏟으면 소나기 오는 소리가 들린다

비밀은 쌀통에 넣어 두고 칼날은 베개 밑에 숨겨 둔다

하지 않은 말들이 쌀통 속에서 누룩이 되어 익어 가는 동안
마주 앉아 말없이 밥을 먹는다

얼마나, 라고 묻는 사람에겐
투명할 만큼 희게, 라고 대답하고
어떻게, 라고 묻는 사람에겐
오래 씹을수록 달아서, 라고 대답했다

구름이 걷히고 지구가 잠시 멈추면
개들은 밥풀로 그림자를 붙이고 뛰어갔다

아이들이 반성문에 쓴 말들을 서로 베껴 적고
책상 위에 뱉은 밥을 도로 주워 먹는 동안에도

쌀은 말을 하지 않는다
벼가 익어 가는 들판에는

이삭마다 흰 이빨이 다닥다닥 붙어 난다고
바람이 불 때마다 달달 부딪힌다고

배가 부르면 부끄러운 마음이 들었다

한 숟갈씩 덜어 내고 먹은 날엔
들키고 싶은 비밀이 있는 얼굴로
밥이 돌아보았다

야행

 눈이 언다 눈이 녹는다 나는 눈이 흘리는 흰빛에 떠 있는 쭉정이 한 마리가 된다 개가 나를 한 번 핥고 간다 개의 침이 눈 위로 흐를 때 내가 느끼는 치욕보다 더 세차게 눈이 온다 눈 쌓인 운동장 한복판에서 귀신들이 몰려와 자전거 연습을 한다 자전거를 타 보지도 못하고 죽은 귀신의 한을 달래기 위해서, 다른 아이들이 모두 자전거를 타고 달릴 때 혼자 숨차게 뛰었어야 했던 그 어린 귀신을 위해서 귀신들이 몰려와 눈밭 위로 자전거를 몬다 귀신들이 자전거를 몰 때 나는 자전거 바퀴에 달라붙은 쭉정이 한 마리가 된다 어린 아이가 자전거를 따라 뛸 때 그 아이의 정수리에 꽂히는 바람 한 줌 될 수 없었으므로, 바람의 탈을 쓴 쭉정이 한 마리 되어 속력을 흉내 낸다 귀신이 자신이 겪은 이야기를 풀어놓을 때 자신을 증명하기 위해 개 같은 사람의 발바닥을 핥아야 했다며 통곡할 때 나 역시 그의 중지 발가락에 난 종기 알고 있노라고, 그 종기에서 흘러나오는 누런 고름의 냄새를 기억하고 있노라고 고백하지 못해 나는 굴러가는 자전거에 붙어 있는 쭉정이 한 마리가 된다 귀신의 머리 위로 새똥이 떨어질 때 다른 귀신은 빵을 뜯고, 귀신들이 한 입씩 빵을 나누어 먹는데, 머리에 새똥이 흐르고 있음에도 귀신의 입속에 들어가는 빵은 달콤하고 고소하여 누가 봐도 빵이고, 나는 그 빵을 살 돈이 없어 배가 곯아 죽은 귀신의 겨드랑이에 붙은 쭉정이 한 마리가 된다 귀신들이 목 놓아 웃을 때, 그 가뿐한 소름이 흥겹기도 하여서 나는 기꺼이 쭉정이 한 마리가 되고 물장구 같은 웃음소리에 붙어 울다가 웃다가 쭉정이 한 마리가 되어 숨어서 키득키득, 그 모든 일들에 붙어 배탈을 일으키는 쭉정이 되어, 머리채 부여잡고 웃는다 귀신들이 발을 구를 때 귀신들이 전단지를 뿌릴 때 귀신들이 거미들을 도와 공중에 빗금 그으며 눈물 훔칠 때 한때의 어리석음, 한때의 괴로움 귀신이 되어서도 끝나지 않는 수치심 그 너머로 넘어짐을 자처하며 너 온밤 굴러간다 쭉정이여

솜

 밤하늘에서 누군가가 검은색 설탕을 녹여 가며 솜사탕을 만들고 있다 은색 꿈속으로 막대를 넣고 휘휘 저으면 휘돌아 가는 악몽들이 막대에 들러붙었다 몸서리쳐졌다 헐벗은 채 일어났다 어젯밤에 훔쳐 본 당신의 악몽이 내 길몽과 닮아 있었다 내가 던진 공에 당신이 맞고 당신이 던진 공을 내가 주워 왔다 아이가 문밖에서 울고 있었다 자신이 무슨 죄를 지었는지 알게 될 때까지 벌거벗은 채로 밤을 지새워야 한다고 했다 아이는 막대에 붙은 낱말들을 뜯어먹는다 아이는 나무를 본다 나뭇잎이 흔들린다 부스러지고 있다 끈적끈적한 손바닥을 핥는다 어제의 나와 오늘의 내가 시소를 타면서 놀아요 반대쪽이 더 무거워서 영영 땅을 밟지 못하고 공중에 떠 있기만 한 몸이 있어요 축축해진 솜사탕이 점점 굳어 가고 있었다 당신은 어제 그 아이를 봤나요 계단을 오를 때마다 소리가 났다 계단을 뛰어다니며 아이가 지어 부르던 노래의 음계를 짚어 보려고 했다 없는 주소를 찾아간다 거짓말로 지어진 노래가 제일 달콤했다 이제껏 해 왔던 고백들이 나를 지목한다 끈적끈적하다 당신이 나에게 묻는다 이름이 무엇이냐고, 검은 설탕이 공중에 흩뿌려질 때 완성되는 날갯

짓이 있다는 걸 아느냐고

숫눈은 떠나간 발자국만을 드러내지만
빗물은 뺨 위에 지문을 띄워 주니까

1

박사는 주옥같은 말들을 쏟아냈다 너무도 주옥같아서 필사하고 싶은 욕구를 참을 수가 없을 지경이었다 덜덜 떨리는 손을 감추려 탁상 밑으로 손을 내려놓고 속으로 백부터 거꾸로 세기 시작한다 마주 보고 앉아 있는 테이블은 타원형, 카페의 벽면에는 격자무늬가 새겨져 있다 다섯, 다섯 번째 모서리에서 격자무늬는 겹쳐졌다가 다시 이어지기를 반복하며 일정한 패턴을 만들고 있다 말을 이어가다가 눈물을 흘리기도 하고 격분에 차서 언성을 높이기도 했으며, 멍하니 유리컵에 맺힌 물방울을 손가락으로 문지르기도 했다 그 안에서 얼음이 아주 천천히 녹아 갔다 얼음이 녹아 서로 부딪치며 달그락거렸다

2

오팔 구슬 하나가 숫눈 속에 떨어져 있었다 진눈깨비가 날렸다

스티로폼 박스 안에는 꽝꽝 언 물고기들이 얼음에 파묻힌 채 발견되었다
　박스 안에서 얼음이 조금씩 녹아 갔다
　미끄러지는 물방울 위에서 지느러미가 미세하게 팔딱거렸다

　박사는 영상을 느린 배속으로 반복해서 보았다 그 영상을 보고 있으면 자신의 생각을 말할 정확한 단어가 떠오른다고 했다

　철썩이는
　부유하는
　나비 떼
　사이로

　거인이 아주 작은 과실들을 한 알씩 나르고 있다
　박사는 나에게 충분한 시간이 있음을 고지했다
　박사가 입을 다실 때마다 손가락이 움찍거렸다
　박사의 고양이는 캐비닛 속으로 들어가 웅크린다

캐비닛 안에 걸려 있는 흰색 가운들 속으로 고양이 꼬리가 살랑거린다

빛나는 동공
괜찮습니다 당신의 시간은 충분합니다
그것은 원래 내 것이니까요

3

산악 동호회의 마크는 봄갈구리노랑나비
돌산 위에 깃발이 꽂혔다 펄럭였다

그녀의 검은 베레모에 박힌 오팔 구슬의 패턴을 기억하고 있습니까? 구슬이 만들어 내고 있는 기이한 무늬가 주는 느낌은 어떠한 종류의 것이었습니까? 기이하고도, 기이한 그 움직임, 그 속에 일렁이는 불꽃을 본 것은 기억이 나십니까? 오 선생님, 그런 말씀 마십시오 불꽃이 일렁이다니요 저는 그런 사람 아닙니다 지극히 평범하다고요 구

닥다리 소설 속에서 소년들은 아직도 도시의 한복판에서 장화를 벗어 모래 알갱이를 털고 있는 중이랍니까? 온 평생 그 모래 먼지의 반짝임만을 묘사하다가 끝내 결말을 맺지 못하고 죽은 작가의 국적은 아직도 불명확합니까? 저 역시 그 페이지에 머물렀던 적이 있습니다 저는 도시의 외곽에서 희미하게 들려오는 기적 소리에서 힌트를 얻었지요 그렇습니다 그를 향해, 기차가. 기차의 기적 소리가, 기차가 뿜어내는 검은 연기가,

검은 연기를 따라 몰려오는 새 떼를 봅니다

발소리를 죽이고 귀를 기울여 보렴 구렁텅이 속으로 빨려 들어가는 게 보이니
그때 저는 분명 받아 적고 있었어요 그이가 말을 끝마치기만을 기다리고 있었죠

새침데기
천지가 개벽할 일

저는 이만 가 봐야 합니다
그 아이를 구할 수 있는 사람은 저뿐입니다

뒤늦게 도착한 시를 위한 식탁

아주 진지한 춤을 춘다.

숨을 쉬고 있습니까? 방은 무사합니까? 돌아갈 곳이 있습니까? 더 무너져도 안전합니까? 거듭 확인한다. 무엇보다 가장 중요한 질문은 이것이다. 아무에게도 보여 주지 않는 글을 지속적으로 쓰고 있습니까? 아무도 보여 주지 않는 글은 꿈밖에 없다. 꿈에서 나는 그에게 외친다. 꿈이니까, 이 꿈의 주인은 나니까 돌아보세요! 그러나 그는 돌아보지 않는다. 꿈에서는 내가 원하는 대로 된다. 그보다 더 확신하는 쪽으로 전개된다. 그가 돌아보았을 때의 기쁨보다 그가 돌아보지 않을 때의 절망감을 더 확신하므로 그는 내 꿈에서도 돌아보지 않는다.

일어나서 천장의 모서리를 확인한다. 내 얼굴에 달려 있는 눈, 코, 입을 확인한다. 모든 것이 제자리에 있는지. 적당한 어질러짐을 유지한 채 흐트러져 있는지 본다. 햇볕이 잘 드는 창. 고요한 방, 책으로 둘러싸인 벽, 약간 무른 사과와 초조함. 이것은 아주 어릴 적부터 내가 누릴 것이라고 알아차린 것들이다. 아주 자세히, 더 자세히, 알아들으려고 귀를 기울인다. 나는 어떤 것을 확신하고 있는지.

 불안을 확신한다. 컨트리 음악과 냉침한 차, 털실로 짠 모자 따위를 확신한다. 더 견고한 외로움을 갖고 싶으나 그것은 내 것이 아니다. 우아함도 내 것이 아니다. 부드러움이나 탐구자의 눈은 내 것은 아니나 주로 나를 이룬다. 보살핌은 가끔, 보다 정확히 내 몫이다. 정원 생활은 내 것일 수도 있다. 내 것인 사랑과 내 것이 아닌 사랑을 구분한다. 내가 느낀 적 없는 사랑은 고스란히 꿈 밖으로 추방당한다. 내가 허락한 적 없는 불안은 조용히 잠적한다.

 나는 여전히 시장통 미용실에 앉아 있다. 빨랫비누와 마늘과 유과를 파는 시장 어귀에 있다. 콩나물시루 옆에 있다. 배추와 벌레의 옆에, 돼지 창자와 핏물 옆에. 다라이 옆에 있다. 상인들의 곁에 있고, 수더분한 이웃들과 고함과, 활기 옆에 있다. 그 속에서 아주 조용히 혼자만의 그림을 그리며 그들의 말을 훔쳐 듣고 있다. 말을 늦 뗀 아이의 얼굴로,

상인들의 소문은 일종의 암호 같다. 바빌론의 탑처럼 점점 변질되어 가고, 점점 누그러지고, 불균형해지다가 알아들을 수 없게 된다. 혹은 아주 요란하게 무너진다. 그러나 다음 날이면 아무렇지 않게 시장은 굴러간다. 엊그제 뺨 맞은 아줌마나, 휴학한 아들, 누구의 시누이. 이 시장에서는 어느 누구의 자랑도, 어느 누구의 추저분함도 감추어지지 않는다. 아무도 감추려고 들지 않는다. 속 터지고 박 터진다. 그 자식의 손자의 손자까지 굽이굽이 이어진다.

 감추려고 하지 않는 것은 그것이 대수롭지 않기 때문이다. 그제 밤에 누가 술에 취해 들어와 변기를 깨는 소리도, 거기서 거기인 사정들도 별스럽지 않다.

 그러나 나는 점점 취약해진다. 내가 벗어 놓은 옷에서 어떤 냄새가 나고 있었는지 이제는 그 냄새를 맡을 수 있다. 견딜 수 없게 된다. 물이 샌 벽지를 보게 된다. 텅 빈 방을 보게 된다. 너무 잘 견디는 사람들과 너무 똑똑한 아이들을 보게 된다. 이 격차가 이상하다. 나는 아주 분명한

섬뜩함을 느낀다. 시를 쓸수록, 이곳에서 멀어질수록, 이 세상 모든 진심이 그렇듯 대부분이 와닿지 않는다. 내가 쓸 수 있는 시는 구닥다리다. 신파일까. 그보다 분명한 소름이다. 벗어남이다. 내가 확신하는 것은 시가 아니다. 아주 또렷한 음성. 숨을 쉬고 있습니까? 라고 묻는 음성이다. 끈적끈적하게 눌러붙어 기울어진 집이다. 그 반대편에 있는 것은 잘 닦인 산책로의 안전함이다.

나는 철학자가 아니다. 수녀가 아니다. 화가가 아니다. 음악가가 아니다. 어린애가 아니다. 딸이 아니며 아들은 더욱 아니다. 가난에 가까우나 결코 가난해질 수 없으며 외로움과 유사하나 외로움으로 끝나지 않는다. 다만 기다란 연회장에서 사람들이 춤을 출 때 구석에 앉아 너무 진지한 표정으로 그것들을 뚫어져라 쳐다보는 사람들 옆에 앉아 있다. 너무 진지한 춤. 그것은 무엇을 더 확신하는가? 이 아늑함 속에서 왜 웃을 수 없는가? 이 질문을 잊게 하는 건 맹렬한 몰입이다.

작품 해설

존재의 타향에서 '자기'가 되는 기술

김수이(문학평론가)

1 어떻게 숨 쉬고 어떻게 말할까

여세실에게 시 쓰기는 말을 고르는 언어 행위이자 숨을 고르는 호흡의 행위다. 이 중 비할 바 없이 중요한 것은 숨을 쉬는 일이지만, 여세실은 말하는 일과 숨 쉬는 일을 삶에서 깊이 연동된 하나의 행위로 체험한다. 숨을 뱉거나 참거나 죽이며 사는 일은, 말을 쏟아 내거나 삼키거나 지우며 사는 일과 별개일 수 없다는 것. 여세실이 첫 시집 『휴일에 하는 용서』(창비, 2023)를 낸 지 2년 만에 폭발적으로 두 번째 시집을 펴내는 이유, 무엇보다 시를 쓸 수밖에 없는 이유는 이렇게 설명된다.

제대로 숨 쉬기 힘든 세상에서 어떻게든 숨을 쉬며 살

기 위해, 마음껏 말하기 힘든 세상에서 어떻게든 말을 하며 살기 위해 이 예민한 젊은 여성 시인은 시를 쓴다. 여세실은 첫 시집에서부터 숨 쉬는 일의 어려움을 말하기와 시 쓰기의 어려움으로, 다시 살아 있기와 실존하기의 어려움으로 절감해 왔다. 그녀는 자신에게 "시를 짓"는 일이란 "시를 짖"(「면역」)는 처절한 내적 발화임을 고백한 바 있다.* "숨을 쉴 때마다 역겨웠다."(「생시와 날일」), "나는 간신히 네게 꽃 한자루를 건네고/ 숨을 참는다"(「경유」). 혼탁한 세상에서도 살아 있는 한 끊임없이 쉴 수밖에 없는 숨의 역겨움을 자각하고, 아름답고 선한 것들 앞에서는 놀란 듯 숨을 참는 '나'를 발견하는 일상의 사건들. 여세실에게 숨쉬기는 자기 자신(의 말과 삶)을 비추는 매 순간의 거울이 된다. 마치 명상을 하는 것처럼.

여세실은 묻는다. "숨을 쉬고 있습니까?"(「뒤늦게 도착한 시를 위한 식탁」) 정확히 같은 의미에서, "말을 하고 있습니까?" 자신과 타인에게 숨쉬기와 말하기를 집요하게 캐묻는 일로서의 시 쓰기. 간단해 보이는 이 질문은 '나'의 자율과 타성, 향유와 상실, 가능과 불가능, 생존과 실존, 살아 있음과 죽어 있음 등을 묻는, 존재와 삶의 본질에 관한 근본적이고 총체적인 질문이 된다. 필요하다면 약간의 수

---

* 여세실, 『휴일에 하는 용서』(창비, 2023). 이하 이 문단에서 인용하는 시는 제목만 병기한다.

식어를 덧붙여도 좋겠다. 가령 여세실은 이런 단어들을 덧붙인다. 걸림 없이 편안하게, 사랑하고 사랑받으며 숨 쉬고 있습니까? 자유롭고 행복하게, 이해하고 이해받으며 말하고 있습니까? 요컨대 편안히 숨 쉬고 마음껏 말하고 사랑하며 온전히 살아 있습니까?

> 나로 하여금 숨이 되게 하세요
> ―「만종―틈의 기도」에서

> 동그랗게 숨을 불어넣는다. 그 숨의 깊이가 우리가 지나온 여름의 부피와 얼마간 닮아 있다.
> ―「타향」에서

'나'의 존재 전체로 "숨이 되"기를 열망하고, 살아온 시간의 부피가 우리가 불어넣은 "숨의 깊이"와 통한다고 생각하는 사람. 여세실에게 숨 쉬는 일은 '나'의 본질 및 삶의 실상과 직결된 자기 의식적이며 존재론적인 행위가 된다. '나'의 생명을 지속하는 생존과 '나'의 삶을 실현하는 실존은 내가 매 순간 쉬는 '숨'에 필연적으로 녹아 있다는 것. 생존과 실존, 존재와 의미, 살아가는 일과 죽어 가는 일 등은 들숨과 날숨처럼 따로 떼어 낼 수 없다는 것. 이 둘을 분리해 '나'가 자기 자신으로부터도 소외되게 하는 것이 현대적 삶의 문제라는 것. 여세실은 몸의 자율 활동인 숨쉬기에 계속 개입해, 세상의 불합리와 내면의 불안을 표출하는 증상으로서의 숨쉬기를 본래의 자기(self)가 되기 위한 실존의 기술로 바꾸고자 한다.

이번 시집에서 여세실은 몸의 차원을 넘어 존재 전체로 온전히 숨 쉬고자 하는 열망을 노래한다. '나'라는 존재의 리듬, 속도, 깊이, 방향성 등이 제 모습을 찾을 때, 비로소 편안히 숨 쉴 수 있기 때문이다. 시집의 제목인 '화살기도'에는 이러한 존재론적인 염원이 담겨 있다. 국어사전에 의하면, 화살기도는 "하느님에게 순간적으로 느끼는 정과 바라는 생각을 바치는 기도"를 뜻한다. 화살을 쏘듯 극히 짧은 순간에 전심전력으로 바치는 기도에 얄팍한 계산이나 복잡한 심산이 깃들 리 없다. 화살기도는 '시'의 기원이자 궁극에 대한 상징이기도 하다. 여세실은 온전한 존재와 삶에 대한 열망을, 숨과 숨 사이에서 찰나에 분출하는 화살기도문-시로 써내려 간다. 이루어질 수 없는 꿈이라고 해도 그녀는 개의치 않는다. 기도란, 불완전한 인간이 불가능하거나 통제할 수 없는 일을 위해 고안한 방법이니까. 기도하는 사람은 기도 행위 자체로 이미 자기 존재의 더 높고 깊은 곳으로 나아가고 있는 것이니까. 여세실은 보조를 맞추기 힘든 세상에서 살아가느라 헝클어진 숨결을 가다듬기 위해 화살기도의 방법과 언어를 빌린다. 이번 시집은 그 비밀스럽고도 격렬한 내적 고투의 기록이다. 아직, 여전히 응답을 기다리고 있는.

2 그림자와 함께 숨 쉬고 말하기

 숨을 쉬는 구간을 외워야 해
―「발성」에서

 물속에서 숨을 더 오래 참는 사람이 이기는 게임
―「배합물」에서

 숨을 참고 머리를 물속에 밀어 넣으면 몸이 떠오른대// (……) // 이곳이 현실인 것을 알게 된 순간/ 몸이 뜨지를 않는다// (……) // 이대로 숨을 참으면 죽을 수 있을 것 같아서/ 내 머리를 누르고 있어 달라고 부탁했다
―「분실물 보관함」에서

 다른 아이들이 모두 자전거를 타고 달릴 때 혼자 숨차게 뛰었어야 했던 그 어린 귀신을 위해서 귀신들이 몰려와
―「야행」에서

 귀가 밝으면 오래 숨죽여 울고, 입이 빠르면 깊이 뉘우쳐 운다/ 이것은 누군가의 생존 전략이 되고/ (……) // 숨죽이라// 어제의 시와 오늘의 시와 내일의 시가 공명하여 비추니// 엎드려 깨닫고 반성하라
―「만종―시의 기도」에서

여세실에게 세상을 살아가는 일은 숨 쉬는 법을 배우는 일로 수렴된다. 살아가는 방법도, 죽을 수 있는 방법도 숨쉬기에 달려 있음을 그녀는 지금까지의 삶에서 배웠다. 여세실의 시에서 숨 쉬는 법은 한 인간이 지닌 삶의 방식과 가치관, 감정, 태도 등을 다채롭게 표상한다. 위의 시들에서 보듯, 숨쉬기는 누군가의 생존 전략이나 처세술이 되고, 자유로운 삶을 억압하는 현실에 대한 '나'의 탈주의 몸부림이 된다. "혼자 숨차게 뛰었어야 했던 어린 귀신"의 형상으로 심신에 깊이 각인된 가난했던 유년 시절의 상흔이 되며, 오늘날 '시'가 모두에게 요청하는 반성과 거듭남을 위한 문학적 자세가 된다.

여세실이 학습해 온 숨 쉬는 법은 몸의 생존을 넘어 존재의 실존적 차원에 깊이 닿아 있다. 이는 단지 그녀의 독특한 체험에서 비롯된 것은 아니다. 지금 여기의 현실에서, 하나의 생명체이자 각기 유일한 존재인 '나'는 자신의 호흡대로 존재하기 힘든 실존적 시련에 처해 있다. 현대사회가 계속 발명하는 온갖 규율은 개인에게 숨 가쁘게 혹은 숨죽이며 살아남을 것을 교묘히 강요한다. 이번 시집에서 여세실은 딸, 맏이, 엄마, 아내, 친구, 시인, 시민 등의 복합적 위치에서 생계, 가족, 육아, 고독, 관계, 젠더, 기후 위기 등의 문제를 일상적으로 살아 내야 하는 '나'의 숨결을 관찰한다. 그 불안한 숨결을 따라 내면의 어두운 곳으로 내려가 '나'를 해체하고 재구성하기 위해서다.

내가 아닌 다른 것이 되고 싶어/ 나를 던지고 멀리 떠나고 싶어// 꿈에는/ 이런 말을 끊임없이 중얼거리는 돌멩이가 나왔다/ 꿈을 깬 이후에는 돌멩이를 볼 때마다 부쉈다// (……) // 사람은 누구나가 그림자를 가지고 살아간다는 사실이/ 햇볕을 맡을 자격이 있다는 말처럼 들리는 날도 있었고// (……) // 누굴 속이지 않고서도// 구름을 보면/ 이야기를 짓고 싶었다

―「비굴할 때는 비굴한 채로」에서

자아(ego)의 '돌멩이'를 부수고 진정한 '나'의 "이야기를 짓고 싶"은 시인은 '그림자'(무의식)와 '햇볕'(의식)으로 상징된 두 세계의 통합을 엿본다. 이 시집에 실린 시들에는 이처럼 '그림자'와 '햇볕'을 넘나들며 '나'의 본질을 찾아가는 여세실의 존재론적 발걸음이 새겨져 있다. 칼 융(Carl Jung)에 의하면, '진정한 나'로 살기 위해서는 자기(self)와의 연결을 다시 확립해야 하는데, 내면의 그림자를 의식화해 온전히 끌어안는 일이 그 핵심이다.* 인간 삶의 최대 사명이자 자신의 본질을 실현하는 '개성화'**의 여정에서

---

* 융은 '개성화'가 '나'라는 개인에 의해 완수되지만, 그 여파는 신성한 영역과 인류 전체에 이른다고 본다. "나는 나의 삶이 온전해지도록 하기 위해서 자기를 획득해야 한다. (……) 따라서 자기를 돌보는 것은 신을 보살피는 일임과 동시에 인류는 돌보는 일이다." 칼 구스타프 융, 김세영·정명진 옮김, 『RED BOOK』(부글, 2020), 390~391쪽.

'그림자'는 두렵지만 전체로서의 자기(self)에 반드시 통합해야 할 이면의 진실을 의미한다. "양산을 고를 때는/ 겉은 밝고 속은 어두운 쪽이 좋습니다// 입꼬리를 끌어올리고/ 어제보다 조금 더 길어진 그림자를 갖게 되었다"(「손이 많이 가는 스타일」). 여세실은 현실의 양면을 살피는 가운데 자신의 그림자를 응시하는데, '나'뿐만 아니라 가족과 동시대 타인들의 그림자도 시에 담아낸다. 예컨대 '아이'가 그린 그림에서 "눈 쌓인 산은/ 강의 거대한 그림자처럼 우뚝 솟아 있"(「단순한 우연」)고, '할머니'의 죽음을 제각기 내면화한 가족의 서사에서는 "햇볕이 웅크리고 앉아 있던 자리에/ 동그랗게 그늘이 생기"고 "그 밑으로는/ 검은 잉어의 그림자가/ 아주 천천히 지나간다"(「숙련공」). "강의 거대한 그림자"와 "검은 잉어의 그림자"는 동시대인들이나 '나'의 가족이 공유하고 있는 무의식의 어둠을 함의한다. '잉어'는 시 「외가」에도 등장하는데, '나'는 "숨을 참"는 등 수조 속의 잉어를 자신과 동일시하다가 관찰자의 거리를 가까스로 확보한다. "잉어는 나를 번복한다 (……) 잉어가 수조 밖으로 튀어 오르길 기다린다 나는 잉어의 시선 밖에 서 있다 파리 한 마리가 내 입속으로 쫓기듯 날아든다 구멍을 삼킨 것 같다". 내면의 그림자를 의식의 표면으로 끌어내려는 일의 어려움이 팽팽하고 피로한 긴장감 속

** 위의 책, 384~419쪽 참조.

에 묘사되어 있다.

여세실은 그림자와 햇볕이 대립물이 아니라 분리될 수 없는 하나임을 인식한다. 그림자가 형성되고 드러나기 위해서는 최소한의 빛이 있어야 한다. 다음 두 편의 시에서처럼 그림자는 성찰하는 의식의 빛에 의해 그 불쾌하고 음험한 모습을 적나라하게 드러낸다. 여세실은 "비잉―비잉― 순식간에 사라졌다가 다가오는" '나'라는 존재의 불가해한 "연속"과, 이 시대의 "성실한 사람들"이 감내하고 있는 삶의 "지겨"운 "반복"을 성찰한다. 불편한 진실에 대한 성찰은 고통스럽다. 두려움을 견디며 마주할 용기를 내야 하기 때문이다. 여세실은 주로 흐린 날들에 의지해 무심한 듯 성찰의 빛을 켜고 그림자를 마주한다. "사랑할 수 없었으나" "한참을 걸어 볼 수는 있었"던 곤혹스러움에 휩싸인 채로, '나'처럼 '혼자'인 '모두'의 그림자도 함께.

(……) 먼지 낀 그림자 사이로, 팔뚝만 한 쥐들이 몰려와 개구리 울음소리를 갉아먹을 때 나는 내가 어느 시대에 살고 있는지 잊어버리고 청개구리가 그려 놓은 포물선 위로 숱한 각오들이 사라진다 실컷 뛰놀라며, 맘껏 살으라며, 비잉―비잉― 순식간에 사라졌다가 다가오는 내 뒷모습을 본다 맴을 돌며 하염없이 나를 연속하는

―「수취」에서

빗물이 계단에 쓸려 내려간다 비 냄새가 난다
앞집 지붕이 하얗게 샌다
하수구에서 쥐들이 튀어나와 주차장 너머로 달아난다

오늘은 밥을 한 끼 걸렀다
이 비가 나를 거든다

얼굴 위에도 장마는 계속되고 있고
나는 얼굴이 한 장 한 장
뜯겨 나가는 것을 보았는데

움푹 팬 볼 위에 보조개가 생겼다가 사라진다

이 풍경이 지겨워

이다음에 덮칠 무더위가, 무더위가 끌고 올 짙은 그림자가
그림자가 만들어 낼 반복이

(……)

살아 있으므로
계속되고 있으므로

그 사실이 매번 빗물에 씻겨 내려가더라도

종이 울린다
모두가 혼자 반복되고 있었다

(……)

이 반복을 사랑할 수 없었으나
구멍 뚫린 우산을 쓰고 한참을 걸어 볼 수는 있었다
—「성실한 사람들」에서

시 「수취」에서 "맴을 돌며 하염없이 나를 연속하는" "내 뒷모습"을 보는 일은 "먼지 낀 그림자 사이로, 팔뚝만 한 쥐들이 몰려와 개구리 울음소리를 갉아먹"는 것처럼 괴이하고 혐오스럽다. '나'의 그림자가 투사된 "팔뚝만 한 쥐들"은 시 「성실한 사람들」에도 출현한다. "하수구에서 쥐들이 튀어나와 주차장 너머로 달아나"는 "오늘"은 곧 닥칠 무더위와 "무더위가 끌고 올 짙은 그림자"가 "만들어 낼 반복"을 예보한다. 같은 풍경이 지겹게 되풀이되는 삶 속에서 "나는 얼굴이 한 장 한 장/ 뜯겨 나가는 것을 보"고, "살아 있으므로/ 계속되고 있으므로" "모두가 혼자 반복되고 있"음을 간파한다. 훼손과 무너짐의 감각으로 내면화되는 일상적 삶의 '반복'은 시 「아침기도」, 「분실물 보관함」, 「조경」

등에서도 다각도로 형상화된다. 반복의 번복과 번복의 반복 속에 계속되는 삶, 반복의 번복마저도 반복하는 삶. 악순환처럼 느껴지는 삶의 반복을, 온전히 '혼자'의 힘으로 자기 자신이 되기 위한 길로 삼는다. 덮어쓴 많은 얼굴(persona)들을 벗으며, "구멍 뚫린 우산을 쓰고"서라도 마음 깊은 곳의 그림자와 함께 걷는 길. 이 길은 외롭고 고단하지만, 상승의 방향성을 품고 있다. 여세실은 말한다. 지금 '나'는 조금 전과 같으면서도 "번번이 다르다/ 계단을 오른다 오르고 또 오른다"(「나무는 나무이기를 그만두고 지붕은 지붕이기를 멈추며」). 「할 수 있는 일」에서 '초자아'의 상징인 '새'가 "구겨진" 형상으로 '나(ego)'를 지우며 만들어 내는 '리듬' 역시 '나(self)'의 재탄생을 강하게 예고한다. "어느 날은 구겨진 새가 내 얼굴을 열어 뒤적거린다/ (……) // 구겨진 새는 조금씩 나를 지워 가고 있었다/ 생겼다가 사라지기를 반복하며// 나에게서 빛이 사라지며/ 새에게서 하늘이 사라지며// 구겨진 채/ 리듬이 생겨나고 있었다".

여세실의 고뇌와 소망이 담긴 기도의 한 대목. "너는 되었는가/ 되어 가는 중인가"(「만종─미궁의 기도」). "혼자가 되게 하세요", "인간이 인간이 되어 가는 풍경을 보게 하세요"(「만종─철의 기도」). '나 자신'이 되기 위한 미궁의 길을 걸어가고, 오롯이 혼자 감당해야 할 이 길에서 모든 인간이 기필코 "인간이 되어 가는 풍경"을 보게 해 달라는 것.

여세실은 기도-시를 통해 온전한 나와 참다운 인간을 지향하는 동시에, 그에 미달하는 현실의 괴로움을 직시하면서 '나'의 이야기를 완성하고자 한다. 무의식의 목소리임을 표시하듯 이번 시집에서 이탤릭체로 쓰인 부분들, 가령 "*길을 잃은 꿈속에서라야 비로소 자신의 이야기를 지어 말할 수 있게 된 개의 이야기*"(「혼자를 위한 숲」)는 '나'의 이야기이자 모든 인간의 이야기가 될 가능성을 내포하고 있다.

3 존재의 타향에서, 떠난 '너'와 함께

누구도 시로 쓸 수 없는 착한 사람이 되려다가 거의 모든 시에 쓰인 유령이 되었습니다 과연 내가 좋은 사람일까요?
—「주머니가 많은 옷」에서

(……) 태어나고 싶습니다 이제 그만 깨어나고 싶습니다 손가락이 베이고 점선을 따라 걷다 보면 내가 되어 온 사랑이 길을 가로막고 있습니다
—「정각에 오는 슬픔」에서

소금 정원이 입을 벌려요 눈을 떠요 숨을 쉬어요 기지개를 켜요 준비가 되었어요 손아귀를 빠져나가는 색채들을 놓

아주고 텅 빈 채로 백색의 이름을 새로 가져요// 약속을 해
요 깨어나요 당신 속에서 걸어 나와요

—「소금 정원」에서

 아무도 아닌 '유령'에서 세상에 단 하나뿐인 '사람'으로 다시 "*태어나고 싶*"고 "*이제 그만 깨어나고 싶*"은 '나'. 혹은 "망가진 시계가 돌아가는 세계"인 "소금 정원"에서 방금 태어난 듯 숨을 쉬고 새 이름을 얻어 "당신 속에서 걸어 나와"야 할 '당신', 그 당신의 다른 이름인 '나'. 자기 자신이 되기 위해서는 아이러니하게도 '나'를 벗어나야 하는데, '소금 정원'은 이 탈주와 해방의 공간을 의미한다. 여세실은 삶에서 정말 중요하고 가치 있는 일들, 고통스럽지만 경이롭고 아름다운 일들은 내가 아니어도 되며, 오히려 각자가 내가 아닐 때 가능하다고 이야기한다. '내가 아니어도 되는 일'의 목록은 끝날 수 없는데, 이 일들을 하는 동안 '당신'과 '나'는 무한히 자기 자신이 되어 가고 있기 때문이다. "얼룩이 지워지고 난 자리에 서 있기 신발 질질 끌며 번져 가기 새의 붉은 발 바라보기 새의 구심점 베끼기 깝죽거리기 추를 매달고 가장자리까지 나를 던져 보기 매어 있는 밧줄 풀기 (……) 물이 엎어진 모양에서 사랑의 자세 발견하기 별을 건축하기"(「내가 아니어도 되는 일」) 등.
 여세실이 펼치는 '나'의 이야기에서 단골로 호출되는 인물들이 있다. '영수'와 '영숙'이다. 영수와 영숙은 보통명사

와 다름없는 고유명사로서 타자 일반을 뜻하며, 아니마(anima)와 아니무스(animus)의 별칭으로서 자아의 심층을 의인화한 인물에 해당한다. 시 「타향」은 영수, 영숙과 함께 하는 '나'의 이야기를, "네가 그렇게 알고 싶어 했던 우리 존재의 근원"에 대한 (불)가능한 탐사를 대신하며 이번 시집의 가장 아름다운 장면으로 빚어낸다.

아카시아 향 껌을 씹는다. 내 입속에서 부풀어 오르는 풍선껌은 달고 쫀득하다. 동그랗게 숨을 불어넣는다. 그 숨의 깊이가 우리가 지나온 여름의 부피와 얼마간 닮아 있다. 내 엄지발가락에 빨간 페디큐어를 발라 주던 영숙의 검은 뒤통수와, 그 사이로 나 있던 가마를 생각한다. 그 가마에서 까마득하게 길을 잃고 싶었던 해 질 녘의 시간들은 나와 같이 나이 먹어 간다. 세계의 봄과 가을은 점점 짧아져 간다. 그것은 영수와 보았던 장미의 겹이 한 층 더 깊어진다는 것을 의미할까, 혹은 영숙과 주웠던 단풍나무의 씨앗을 더는 신뢰할 수 없게 된다는 것을 의미할까. 빙빙, 우리의 아이들은 미래에 정말 우리가 듣던 노래들로 그 계절들을 배워 나가게 될까. 내 곁을 스쳐 지나가는 아이의 얼굴, 노인의 보폭, 나뭇잎의 사그라짐을 본다. 그것들 모두 너의 환생이라고 생각하면 걸음이 가뿐해진다. 다음 생에 동요가 되고 싶다던 너는 이번 생에 무엇으로 태어났을까. 악동들이 너를 개사해 부르고 있을까. 짝사랑하는 애에게 좋아한다는 말 대신 너의 리듬을 빌려 마음을 전할까. 아마도 짓궂게 개사해서 부르며 그 애의 뒤꽁무니를 졸졸 따라다니고 있겠지. 빙빙, 너는 그런 악동들에게 성을 내는 사람이었지. 사랑은 부드럽고, 사랑은 일렁이며, 쉽게 사라지지만 쉬이 꺼지지 않는 것이라고 빙빙, 너는 엄포를 놓았겠지. 노랑 브릿지로 꼬리를 염색한 강아지의 헐떡임과 같이. 햇볕을 한 입 베어 먹고 하품을 하는 어린아이의 입속과 같이. 그 입속에 이제 막 올라온 배냇니와 같이. 누구나 타인에게 털어놓지 못하는 저마다의 비밀이 있다. 빙빙, 나는 이제야 안다. 그것이 그 사람을 그 사람일 수 있도록 지탱해 주는 힘이라는 것을. 이것은 너를 지나오는 동안 네가 나에게 준 실마리이다. 놀이터에 앉아 지는 해를 본다. 미끄럼틀 위에서 하염없이 모래를 흘려보내고 있는 아이의 웅크린 등을 본다. 빙글, 빙글, 미끄럼틀을 돌고 돌아 쏟아지는 고운 모래처럼. 너의 영혼은 몇 겹의 시간과 몇 바퀴의 영생을 거쳐 나에게 오고 있을까. 그것은 내 히릅한 발뒤축일까. 네가 그렇게 알고 싶어 했던 우리 존재의 근원일까. 나는 아직도 네가 읽던 두꺼운 원서를 버리지 못하고 있다. 그것을 펼쳐 볼 때면 새 떼가 날개를 펴 창공으로 날아오르는 소리가 들린다. 그것이면 되었다. 이곳에서 우리는 그것을 활짝이라고 말했지. 활짝 갠 얼굴, 활짝 핀 봉우리. 아침에 일어나 거울을 보고 손뼉을 다섯 번 친다. 빙빙 너는 떠나고 너의 습관은 내게 남아 여전히 살아간다. 짝. 짝. 짝. 짝. 짝. 사랑함으로, 더 바짝 껴안음으로, 그리고 그보다 더 가벼이 떠나보냄으로, 더 가뿐히 미래를 일궈 내는 힘으로. 너는 이곳에 있구나. 조금 덜 기뻐하고 조금 덜 절망하는 방식으로 내가 하루를 건사하는 동안, 어쩌면 너는 나를 다그치고 있겠구나. 더 크게 웃고, 더 왕창 울라고. 기찻길에 올라 두 팔을 벌려 균형을 잡으며 걷던 나를 뒤에서 와락 안던 너의 큰 품을 떠올린다. 무너짐으로, 그 화창한 무너짐만으로 지나올 수 있었던 시절에. 네가 나를 넘어뜨려 준 것을 잊지 못한다. 네가 너이기에, 너의 기쁨이 여전히 기쁨으로 살아 나가고 있기에. 너의 절망 또한 여전히 절망으로서 단단히 뿌리내리고 우렁차게 커 나가고 있기에. 그것이 누군가에겐 한때의 그늘이 될 수 있음, 그것만은 변치 않음에. 장미의 가시는 뻗어 가고, 단풍의 돌기는 은밀해진다. 빙빙, 네가 돌이라면, 네가 돌을 돌로서 있게 하는 침묵이라면. 네가 새라면. 네가 새를 새로서 날게 하는 나부낌이라면. 너의 환생을 떠올릴 때면 허기가 진다. 빵집 앞을 서성이며 고소한 풍미를 맡을 때 네가 함께하고 있음을 느낀다. 이곳의 빵은 질기고 딱딱하다. 이 빵 속에 무엇이 들었느냐고 질문을 하려면 어떻게 말해야 할지 어물쩡거린다. 고민을 멈추고 덥석 빵을 집어 든다. 빙빙 너는 그런 것은 고민하지 않고 입을 먼저 떼고 보는 사람이었으므로.

—「타향」

이 시에는 나, 너, 영숙, 영수, 아이, 우리의 아이들, 노인, 그 애, 짝사랑하는 애, 악동, 그 사람, 타인, 우리 등 다양한 인칭과 인물이 북적인다. 이들의 경계는 모호해서 이들이 모두 몇 명인지 정확히 헤아리는 것은 불가능하다. 시의 맥락에 따라 동일인이 다른 이름과 인칭으로 불리기도 하고("그것들 모두 너의 환생이라고 생각하면 걸음이 가뿐해진다."), 이 모든 인칭과 인물들이 '나'의 분화된 내적 자아를 함축하기도 한다.("너의 영혼은 몇 겹의 시간과 몇 바퀴의 영생을 거쳐 나에게 오고 있을까. 그것은 내 허름한 발뒤축일까.") 존재의 모호한 경계는 사람에게만 한정되지 않는다. '영숙'의 "가마에서 까마득하게 길을 잃고 싶었던 해질 녘의 시간들", "세계의 봄과 가을", "영수와 보았던 장미의 겹", "노랑 브릿지로 꼬리를 염색한 강아지의 헐떡임", "돌을 돌로서 있게 하는 침묵" 등 시간과 사물들과 무형의 실재 역시 떠나고 남고 질문하고 사랑하며, 살아가는 일에 '나'와 함께, 혹은 '나'의 일부나 변형으로 동등하게 참여한다.

여세실은 삶의 반복되는 움직임을 더 온전한 존재로 거듭나기 위한 추진력으로 삼는다. 출발점은 '나'의 채울 수 없는 실존적인 '허기'이다. "너의 환생을 떠올릴 때면 허기가 진다." 이 시에서 여세실이 "빙빙"(다른 시들에서는 "빙글빙글", "팽팽"으로도 표현된다.)이라고 칭한 반복되는 삶의 리듬은, 그녀가 지금까지 상실해 온 모든 '너'를 내면 깊숙이 빈 구멍*으로 간직한 채 "존재의 근원"에 다가가고 있음을 암시한다. "빙빙 너는 떠나고 너의 습관은 내게 남아 여전히 살아간다. 짝. 짝. 짝. 짝. 짝. 사랑함으로, 더 바짝 껴안음으로, 그리고 그보다 더 가벼이 떠나보냄으로, 더 가뿐히 미래를 일궈 내는 힘으로. 너는 이곳에 있구나". 없는 '너'를 '사랑'과 '떠나보냄'과 '미래'로 다시 살아 내고 있는 '나'는 "무너짐으로, 그 화창한 무너짐만으로 지나올 수 있었던 시절에. 네가 나를 넘어뜨려준 것을 잊지 못한다." 사랑의 종말이나 애도의 완성 대신 기억의 고통을 택하며 여세실은 '나(ego)'를 붕괴시키고 떠난 '너'를 껴안고 '나(self)'의 이야기를 쓰기 시작한다.

지금 여세실이 빙빙 맴돌고 있는 이곳, 앞으로도 내내 걸어가야 할 이곳의 이름은 '타향'이다. 아마도 어딘가에 '소금 정원'이 있다. 타인과 세상을 향해 "동그랗게 숨을 불어넣"으며 "그 숨의 깊이"를 "우리가 지나온 여름의 부피"로 감각해 온 여세실은 존재의 처소를 잃고 '현실'이라는 타향을 떠돌아야 하는 고단한 운명과 불현듯 화해한다. "이곳의 빵은 질기고 딱딱"하지만, '나'는 질문의 말을 고르다가 "고민을 멈추고 덥석 빵을 집어 든다". "빙빙 너는 그런 것은 고민하지 않고 입을 먼저 떼고 보는 사람이었으므로". 여세실은 이렇게 말하고 싶어 하는 듯하다. 없

---

* 앞에서 인용한 시 「외가」에서 '나'의 그림자를 응시한 끝에 여세실이 쓴 마지막 문장은 이러하다. "구명을 삼킨 것 같다"

는 '너'를 기억하고 살아 내는 것은 '나'의 사랑의 능력을 발휘하는 일이며, 삶의 지긋지긋한 반복 속에서도 사랑은 '너'와 '나'를 구원할 수 있는 최상의 힘이자 유일한 힘이라고. "저는 이만 가 봐야 합니다/ 그 아이를 구할 수 있는 사람은 저뿐입니다"(「숫눈은 떠나간 발자국만을 드러내지만 빗물은 뺨 위에 지문을 띄워주니까」).

삶의 지리멸렬한 반복을 사랑할 수는 없더라도, 삶에서 만난 것들과 함께 걸어가 보는 것. 때로 걸음을 멈추고, 돌아서고, 버림받고, 잃어버리고, 붕괴되고, 질문하고, 홀로 남아 있는 것. 그러나 이 모든 것을 성찰하고 받아들이며 상처와 번민 속에서도 총총히 다시 나아가는 것. 여세실은 모두가 다른 이야기를 쓰며 각자 걷고 있는 삶의 여정을, 단 한 번도 만난 적이 없는 사이라도 우리가 이미 함께하고 있음을 보여 준다. 반복되는 삶에서, 불완전하고 취약한 한 인간으로서 여세실은 다른 차원의 반복을 만들어 낸다. 시들어 죽었다가도 어느새 '활짝' 피어나는 기도-시라는 이름의 반복. 여세실은 더 많이 사랑하게 해 달라는 기도를 반어의 언어로 반복하고, 번복하고, 다시 반복한다. "더 나은 불행을 겪게 해 주세요/ 더 화창하게 울게 해 주세요/ 손을 모으고 빌었다"(「을의 기쁨」). 간절히 기도하면서도 내심 믿지 않았으나, 그녀는 "눈을 떠 보니/ 제일 마지막까지 살아남아 있었다"(「손이 많이 가는 스타일」)라고 고백한다. 여세실이 털어놓은 이 내밀한 이야기들이 적잖은 맥락에서 우리 자신의 이야기로 들리는 것은 왜일까. 그녀가 이 두툼한 시집 전체에 걸쳐 끊임없이 반복하는 이 질문 때문이 아닐까. 존재의 타향에서 당신, 편안히 숨 쉬고 마음껏 말하고 사랑하며 온전히 살아 있습니까? 덧붙이건대 타향이야말로 존재가 본래의 자리로 돌아가기에 가장 좋은 장소가 아니겠는가.

지은이 **여세실**

1997년 경기 안양에서 태어났다. 경희대학교 국어국문학과를 졸업했다. 2021년 《현대문학》 신인 추천으로 등단하여 작품 활동을 시작했다. 시집 『휴일에 하는 용서』가 있다.

화살기도

1판 1쇄 찍음 2025년 6월 27일
1판 1쇄 펴냄 2025년 7월 11일

지은이 여세실
발행인 박근섭, 박상준
펴낸곳 (주)민음사

출판등록 1966. 5. 19. (제16-490호)
서울특별시 강남구 도산대로1길 62(신사동)
강남출판문화센터 5층 (06027)
대표전화 02-515-2000 / 팩시밀리 02-515-2007
www.minumsa.com

ⓒ 여세실, 2025. Printed in Seoul, Korea

ISBN 978-89-374-0954-7 (04810)
     978-89-374-0802-1 (세트)

* 잘못 만들어진 책은 구입처에서 교환해 드립니다.

민음의 시

민음의 시
목록

001	**전원시편** 고은		039	**낯선 길에 묻다** 성석제
002	**멀리 뛰기** 신진		040	**404호** 김혜수
003	**춤꾼 이야기** 이윤택		041	**이 강산 녹음 방초** 박종해
004	**토마토 씨앗을 심은 후부터** 백미혜		042	**뿔** 문인수
005	**징조** 안수환		043	**두 힘이 숲을 설레게 한다** 손진은
006	**반성** 김영승		044	**황금 연못** 장옥관
007	**햄버거에 대한 명상** 장정일		045	**밤에 용서라는 말을 들었다** 이진명
008	**진흙소를 타고** 최승호		046	**홀로 등불을 상처 위에 켜다** 윤후명
009	**보이지 않는 것의 그림자** 박이문		047	**고래는 명상가** 김영태
010	**강** 구광본		048	**당나귀의 꿈** 권대웅
011	**아내의 잠** 박경석		049	**까마귀** 김재석
012	**새벽편지** 정호승		050	**늙은 퇴폐** 이승욱
013	**매장시편** 임동확		051	**색동 단풍숲을 노래하라** 김영무
014	**새를 기다리며** 김수복		052	**산책시편** 이문재
015	**내 젖은 구두 벗어 해에게 보여줄 때** 이문재		053	**입국** 사이토우 마리코
016	**길안에서의 택시잡기** 장정일		054	**저녁의 첼로** 최계선
017	**우수의 이불을 덮고** 이기철		055	**6은 나무 7은 돌고래** 박상순
018	**느리고 무겁게 그리고 우울하게** 김영태		056	**세상의 모든 저녁** 유하
019	**아침책상** 최동호		057	**산화가** 노혜봉
020	**안개와 불** 하재봉		058	**여우를 살리기 위해** 이학성
021	**누가 두꺼비집을 내려놨나** 장경린		059	**현대적** 이갑수
022	**흙은 사각형의 기억을 갖고 있다** 송찬호		060	**황천반점** 윤제림
023	**물 위를 걷는 자, 물 밑을 걷는 자** 주창윤		061	**몸나무의 추억** 박진형
024	**땅의 뿌리 그 깊은 속** 배진성		062	**푸른 비상구** 이희중
025	**잘 가라 내 청춘** 이상희		063	**님시편** 하종오
026	**장마는 아이들을 눈뜨게 하고** 정화진		064	**비밀을 사랑한 이유** 정은숙
027	**불란서 영화처럼** 전연옥		065	**고요한 동백을 품은 바다가 있다** 정화진
028	**얼굴 없는 사람과의 약속** 정한용		066	**내 귓속의 장대나무 숲** 최정례
029	**깊은 곳에 그물을** 남진우		067	**바퀴소리를 듣는다** 장옥관
030	**지금 남은 자들의 골짜기엔** 고진하		068	**참 이상한 상형문자** 이승욱
031	**살아 있는 날들의 비망록** 임동확		069	**열하를 향하여** 이기철
032	**검은 소에 관한 기억** 채성병		070	**발전소** 하재봉
033	**산정묘지** 조정권		071	**화염길** 박찬
034	**신은 망했다** 이갑수		072	**딱따구리는 어디에 숨어 있는가** 최동호
035	**꽃은 푸른 빛을 피하고** 박재삼		073	**서랍 속의 여자** 박지영
036	**침엽수림에서** 엄원태		074	**가끔 중세를 꿈꾼다** 전대호
037	**숨은 사내** 박기영		075	**로큰롤 해븐** 김태형
038	**땅은 주검을 호락호락 받아 주지 않는다** 조은		076	**에로스의 반지** 백미혜
			077	**남자를 위하여** 문정희
			078	**그가 내 얼굴을 만지네** 송재학
			079	**검은 암소의 천국** 성석제
			080	**그곳이 멀지 않다** 나희덕
			081	**고요한 입술** 송종규
			082	**오래 비어 있는 길** 전동균

083	미리 이별을 노래하다 차창룡		125	뜻밖의 대답 김언희
084	불안하다, 서 있는 것들 박용재		126	삼천갑자 복사빛 정끝별
085	성찰 전대호		127	나는 정말 아주 다르다 이만식
086	삼류 극장에서의 한때 배용제		128	시간의 쪽배 오세영
087	정동진역 김영남		129	간결한 배치 신해욱
088	벼락무늬 이상희		130	수탉 고진하
089	오전 10시에 배달되는 햇살 원희석		131	빛들의 피곤이 밤을 끌어당긴다 김소연
090	나만의 것 정은숙		132	칸트의 동물원 이근화
091	그로테스크 최승호		133	아침 산책 박이문
092	나나 이야기 정한용		134	인디오 여인 곽효환
093	지금 어디에 계십니까 백주은		135	모자나무 박찬일
094	지도에 없는 섬 하나를 안다 임영조		136	녹슨 방 송종규
095	말라죽은 앵두나무 아래 잠자는 저 여자 김언희		137	바다로 가득 찬 책 강기원
			138	아버지의 도장 김재혁
096	흰 책 정끝별		139	4월아, 미안하다 심언주
097	늦게 온 소포 고두현		140	공중 묘지 성윤석
098	내가 만난 사람은 모두 아름다웠다 이기철		141	그 얼굴에 입술을 대다 권혁웅
099	빗자루를 타고 달리는 웃음 김승희		142	열애 신달자
100	얼음수도원 고진하		143	길에서 만난 나무늘보 김민
101	그날 말이 돌아오지 않는다 김경후		144	검은 표범 여인 문혜진
102	오라, 거짓 사랑아 문정희		145	여왕코끼리의 힘 조명
103	붉은 담장의 커브 이수명		146	광대 소녀의 거꾸로 도는 지구 정재학
104	내 청춘의 격렬비열도엔 아직도 음악 같은 눈이 내리지 박정대		147	슬픈 갈릴레이의 마을 정채원
			148	습관성 겨울 장승리
105	제비꽃 여인숙 이정록		149	나쁜 소년이 서 있다 허연
106	아담, 다른 얼굴 조원규		150	앨리스네 집 황성희
107	노을의 집 배문성		151	스윙 여태천
108	공놀이하는 달마 최승호		152	호텔 타셀의 돼지들 오은
109	인생 이승훈		153	아주 붉은 현기증 천수호
110	내 졸음에도 사랑은 떠도느냐 정철훈		154	침대를 타고 달렸어 신현림
111	내 잠 속의 모래산 이장욱		155	소설을 쓰자 김언
112	별의 집 백미혜		156	달의 아가미 김두안
113	나는 푸른 트럭을 탔다 박찬일		157	우주전쟁 중에 첫사랑 서동욱
114	사람은 사랑한 만큼 산다 박용재		158	시소의 감정 김지녀
115	사랑은 야채 같은 것 성미정		159	오페라 미용실 윤석정
116	어머니가 촛불로 밥을 지으신다 정재학		160	시차의 눈을 달랜다 김경주
117	나는 걷는다 물먹은 대지 위를 원재길		161	몽해항로 장석주
118	질 나쁜 연애 문혜진		162	은하가 은하를 관통하는 밤 강기원
119	양귀비꽃 머리에 꽂고 문정희		163	마계 윤의섭
120	해질녘에 아픈 사람 신현림		164	벼랑 위의 사랑 차창룡
121	Love Adagio 박상순		165	언니에게 이영주
122	오래 말하는 사이 신달자		166	소년 파르티잔 행동 지침 서효인
123	하늘이 담긴 손 김영래		167	조용한 회화 가족 No. 1 조민
124	가장 따뜻한 책 이기철		168	다산의 처녀 문정희

169	**타인의 의미** 김행숙	212	**결코 안녕인 세계** 주영중
170	**귀 없는 토끼에 관한 소수 의견** 김성대	213	**공중을 들어 올리는 하나의 방식** 송종규
171	**고요로의 초대** 조정권	214	**희지의 세계** 황인찬
172	**애초의 당신** 김요일	215	**달의 뒷면을 보다** 고두현
173	**가벼운 마음의 소유자들** 유형진	216	**온갖 것들의 낮** 유계영
174	**종이** 신달자	217	**지중해의 피** 강기원
175	**명왕성 되다** 이재훈	218	**일요일과 나쁜 날씨** 장석주
176	**유령들** 정한용	219	**세상의 모든 최대화** 황유원
177	**파묻힌 얼굴** 오정국	220	**몇 명의 내가 있는 액자 하나** 여정
178	**키키** 김산	221	**어느 누구의 모든 동생** 서윤후
179	**백 년 동안의 세계대전** 서효인	222	**백치의 산수** 강정
180	**나무, 나의 모국어** 이기철	223	**곡면의 힘** 서동욱
181	**밤의 분명한 사실들** 진수미	224	**나의 다른 이름들** 조용미
182	**사과 사이사이 새** 최문자	225	**벌레 신화** 이재훈
183	**애인** 이응준	226	**빛이 아닌 결론을 찢는** 안미린
184	**애들아, 모든 이름을 사랑해** 김경인	227	**북촌** 신달자
185	**마른하늘에서 치는 박수 소리** 오세영	228	**감은 눈이 내 얼굴을** 안태운
186	**ㄹ** 성기완	229	**눈먼 자의 동쪽** 오정국
187	**모조 숲** 이민하	230	**혜성의 냄새** 문혜진
188	**침묵의 푸른 이랑** 이태수	231	**파도의 새로운 양상** 김미령
189	**구관조 씻기기** 황인찬	232	**흰 글씨로 쓰는 것** 김준현
190	**구두코** 조혜은	233	**내가 훔친 기적** 강지혜
191	**저렇게 오렌지는 익어 가고** 여태천	234	**흰 꽃 만지는 시간** 이기철
192	**이 집에서 슬픔은 안 된다** 김상혁	235	**북양항로** 오세영
193	**입술의 문자** 한세정	236	**구멍만 남은 도넛** 조민
194	**박카스 만세** 박강	237	**반지하 앨리스** 신현림
195	**나는 나와 어울리지 않는다** 박판식	238	**나는 벽에 붙어 잤다** 최지인
196	**딴생각** 김재혁	239	**표류하는 흑발** 김이듬
197	**4를 지키려는 노력** 황성희	240	**탐험과 소년과 계절의 서** 안웅선
198	**.zip** 송기영	241	**소리 책력冊曆** 김정환
199	**절반의 침묵** 박은율	242	**책기둥** 문보영
200	**양파 공동체** 손미	243	**황홀** 허형만
201	**온몸으로 밀고 나가는 것이다** 서동욱·김행숙 엮음	244	**조이와의 키스** 배수연
		245	**작가의 사랑** 문정희
202	**암흑향暗黑鄕** 조연호	246	**정원사를 바로 아세요** 정지우
203	**살 흐르다** 신달자	247	**사람은 모두 울고 난 얼굴** 이상협
204	**6** 성동혁	248	**내가 사랑하는 나의 새 인간** 김복희
205	**응** 문정희	249	**로라와 로라** 심지아
206	**모스크바예술극장의 기립 박수** 기혁	250	**타이피스트** 김이강
207	**기차는 꽃그늘에 주저앉아** 김명인	251	**목화, 어두운 마음의 깊이** 이응준
208	**백 리를 기다리는 말** 박해람	252	**백야의 소문으로 영원히** 양안다
209	**묵시록** 윤의섭	253	**캣콜링** 이소호
210	**비는 염소를 몰고 올 수 있을까** 심언주	254	**60조각의 비가** 이선영
211	**힐베르트 고양이 제로** 함기석	255	**우리가 훔친 것들이 만발한다** 최문자

256	사람을 사랑해도 될까 손미	298	몸과 마음을 산뜻하게 정재율
257	사과 얼마예요 조정인	299	오늘은 좀 추운 사랑도 좋아 문정희
258	눈 속의 구조대 장정일	300	눈 내리는 체육관 조혜은
259	아무는 밤 김안	301	가벼운 선물 조해주
260	사랑과 교육 송승언	302	자막과 입을 맞추는 영혼 김준현
261	밤이 계속될 거야 신동옥	303	당신은 오늘도 커다랗게 입을 찢으며 웃고 있습니까 신성희
262	간절함 신달자		
263	양방향 김유림	304	소공포 배시은
264	어디서부터 오는 비인가요 윤의섭	305	월드 김종연
265	나를 참으면 다만 내가 되는 걸까 김성대	306	돌을 쥐려는 사람에게 김석영
266	이해할 차례이다 권박	307	빛의 체인 전수오
267	7초간의 포옹 신현림	308	당신의 세계는 아직도 바다와 빗소리와 작약을 취급하는지 김경미
268	밤과 꿈의 뉘앙스 박은정		
269	디자인하우스 센텐스 함기석	309	검은 머리 짐승 사전 신이인
270	진짜 같은 마음 이서하	310	세컨드핸드 조용우
271	숲의 소실점을 향해 양안다	311	전쟁과 평화가 있는 내 부엌 신달자
272	아가씨와 빵 심민아	312	조금 전의 심장 홍일표
273	한 사람의 불확실 오은경	313	여름 가고 여름 채인숙
274	우리의 초능력은 우는 일이 전부라고 생각해 윤종욱	314	다들 모였다고 하지만 내가 없잖아 허주영
		315	조금 진전 있음 이서하
275	작가의 탄생 유진목	316	장송행진곡 김현
276	방금 기이한 새소리를 들었다 김지녀	317	얼룩말 상자 배진우
277	감히 슬프지 않을 수 있겠습니까? 여태천	318	아기 늑대와 걸어가기 이지아
278	내 몸을 입으시겠어요? 조명	319	정신머리 박참새
279	그 웃음을 나도 좋아해 이기리	320	개구리극장 마윤지
280	중세를 적다 홍일표	321	펜 소스 임정민
281	우리가 동시에 여기 있다는 소문 김미령	322	이 시는 누워 있고 일어날 생각을 안 한다 임지은
282	써칭 포 캔디맨 송기영	323	미래슈퍼 옆 환상가게 강은교
283	재와 사랑의 미래 김연덕	324	개와 늑대와 도플갱어 숲 임원묵
284	완벽한 개업 축하 시 강보원	325	백합의 지옥 최재원
285	백지에게 김언	326	물보라 박지일
286	재의 얼굴로 지나가다 오정국	327	기대 없는 토요일 윤지양
287	커다란 하양으로 강정	328	종종 임경섭
288	여름 상설 공연 박은지	329	검은 양 세기 김종연
289	좋아하는 것들을 죽여 가면서 임정민	330	유물론 서동욱
290	줄무늬 비닐 커튼 채호기	331	나의 인터넷 친구 여한솔
291	영원 아래서 잠시 이기철	332	집 없는 집 여태천
292	다만 보라를 듣다 강기원	333	제너레이션 김미령
293	라흐 뒤 프루콩 드 네주 말하자면 눈송이의 예술 박정대	334	화살기도 여세실
294	나랑 하고 시픈게 뭐에여? 최재원		
295	해바라기밭의 리토르넬로 최문자		
296	꿈을 꾸지 않기로 했고 그렇게 되었다 권민경		
297	이건 우리만의 비밀이지? 강지혜